DOROTHEA RAPP

Alchemie der Nähe

*Die Begegnung
von Frau und Mann*

VERLAG FREIES GEISTESLEBEN

falter 12

Die Deutsche Bibliothek – CIP Einheitsaufnahme

Rapp, Dorothea:
Alchemie der Nähe: die Begegnung von Frau und Mann /
Dorothea Rapp. – Stuttgart: Verlag
Freies Geistesleben, 1992
(Falter; 12)

ISBN 3-7725-1062-0

NE: GT

© 1992 Verlag Freies Geistesleben GmbH, Stuttgart
Schutzumschlag: Doris Hecht / Walter Schneider
Frontispiz: Marc Chagall, *Die Frau mit dem blauen Gesicht*,
1932 - 60, Öl auf Leinwand 100 x 82 cm, Privatbesitz,
© VG Bild-Kunst, Bonn 1992
Druck: Offizin Chr. Scheufele, Stuttgart

Inhalt

Vorwort

Seit meiner Studienzeit haben mich Fragen nach Stellung, Aufgabe und Selbstverständnis der Frau bewegt. In den Jahren kurz nach dem Zweiten Weltkrieg diskutierten wir Studenten dieses Thema oft nächtelang. Allerdings nahm ich dabei eine Sonderstellung ein, war ich doch damals schon Mutter von drei Kindern. Ich besaß andere Erfahrungen und Verantwortungen als die meisten meiner Kommilitonen. So erlebe ich zumeist eine innere Distanz zu den oft aus Begeisterung für den neuen Aufschwung vorschnell geschlossenen Urteilen. Seither haben mich diese Fragen nicht mehr losgelassen; zumal mich die Einstellungen der verschiedenen Lager – der konservativen wie der progressiven, feministischen – zunehmend unbefriedigt lassen. Ich suche andere Formen der Entwicklung im Leben der Frau. So wichtig der schon errungene Fortschritt auf rechtlichem und wirtschaftlichem Felde ist, auf seelisch-geistigem Gebiet finde ich noch wenig Denkansätze, welche die besondere kulturschöpferische Aufgabe der Frau ins Blickfeld rücken könnten. Aber gerade hier scheint mir, die moderne Herausforderung zu liegen, die sich vor allem auch im geistigen Raum der Begegnung von Frau und Mann ergeben muß.

Aus diesem Grund habe ich, als ich für die Zeitschrift *Die Drei* zu schreiben begann, das Thema Frauenfrage in dem von mir angestrebten Sinn immer wieder in großen Abständen aufgenommen. Die in diesem Band zusammengestellten Essays stammen aus den Jahrgängen 1977 bis 1987 dieser Zeitschrift. Sie sind in einigen Abschnitten überarbeitet worden. Sie enthalten jedoch keine fertigen Antworten auf oben genannte Fragen. Vielmehr sollte der Charakter des «Versuchs» gewahrt bleiben; eines Versuchs, bei dem ich mir der Vielschichtigkeit und Empfindlichkeit dieser Fragen bewußt bleiben wollte, um ihre offene Situation nicht vorschnell und entwicklungsfeindlich zu verschließen.

Im Januar 1992   *Dorothea Rapp*

Zur Einführung.
Begegnungen
von Frau und Mann

Die Weltgeschichte hat ihre besondere Farbigkeit erhalten durch herausragende Begegnungen zwischen Frau und Mann: Liebesbegegnungen, Gesprächsbegegnungen, Berührungen im Allgemein-Menschlichen. Die große Palette von Begegnungsmöglichkeiten ist nahezu unerschöpflich. Denn die Spannung, die natürlicherweise zwischen den Geschlechtern herrscht, beschränkt sich nicht nur auf die sinnliche Berührung. Sie kann vielmehr als ein verborgenes Kraftpotential, das jede Polarität bewegt, auch andere – geistige – Begegnungsformen fruchtbar machen. Dieser geistige Umgang zwischen Frau und Mann ist allerdings heute immer noch keine Selbstverständlichkeit. Von Vorurteilen verstört, von Ängstlichkeiten verhindert, wird dieser notwendige Lernprozeß nur stockend geleistet – wenngleich in der Vergangenheit einige herausragende Beispiele dafür zu erkennen sind: Diotima und Sokrates, Hildegard von Bingen und Kaiser Barbarossa (in Briefen), aber auch große Liebende, Königinnen, Dichterinnen im Gespräch mit ihren männlichen Partnern. Diese Beispiele zeigen aber, daß die geistig fruchtbare Begegnung zwischen Frau und Mann nur dort gelingt, wo sich die Frau von ihren einschränkenden Verhüllungen befreit hat. Sie muß neue, eigene Fähigkeiten für das Gespräch mit dem Mann entwickeln, ohne die nichts Neues entstehen kann. Die Frau muß vorangehen; allerdings unter der Voraussetzung, daß auf keiner Seite die Gewichte des Machtanspruchs ins Spiel kommen. Jeder, ob Frau, ob Mann, kann nur als freie Individualität ernst genommen werden; wobei aber die weibliche oder männliche Einfärbung nicht verdrängt oder weggewischt werden darf. Das verkörperte Menschenwesen ist selbstverständlich in erster Linie «Mensch», und sein Werde-Wesen konzentriert sich durchaus auf das rein Menschliche und Menschheitliche, jedoch sein Handeln, sein Denken und Fühlen wird stark geprägt von der Art und Weise dieser Verkörperung: ob der Mensch männlich oder weiblich erscheint. Gerade diese Unterscheidung macht die Begegnung fruchtbar.

Dazu kommt ein Weiteres: Die Form seiner Erscheinung mag ein Menschenleben bestimmen – und sie tut es auch in entscheidender Weise; gleichwohl ist sie keine endgültige. Im Sinne der von Rudolf Steiner entwickelten Reinkarnationsidee ist sie fließend vorübergehend, im Laufe der ewigen Entwicklung einer Individualität in den einzelnen Inkarnationen wechselnd: als würde eine Hand einmal in kaltes und dann wieder in heißes Wasser getaucht, um aber im inneren Wesens-Kern jeweils unter veränderten Bedingungen ein mittleres Gleichgewicht auszubalancieren.

So sucht die Individualität einmal die weibliche, dann wieder die männliche Lebensgestalt. Dies bedeutet immer eine wesentliche Schicksalsentscheidung: eine Einseitigkeit, die unter Umständen auch als qualvoll empfunden werden kann. Sie kann indessen durch die Begegnung mit dem anderen Geschlecht entschärft werden. In diesen Begegnungen sollte daher das Wechselspiel im je verschieden ausschwingenden Fluß der Inkarnationen im Bewußtsein von Frau und Mann wach bleiben.[1]

Die wirklichkeitsgemäße Idee der wiederholten Erdenleben hat weitreichende Dimensionen, die selbstverständlich nicht alle vom Thema dieser Betrachtung umfaßt werden können. Eine Tatsache jedoch ist unübersehbar: Jede bestimmte Daseinsform, ob Mann oder Frau, hat jeweils die andere sowohl hinter sich als auch vor sich; sie wirkt also im Geheimniszustand der langen Vergangenheit im Rücken und ebenso der fernen Zukunft vor Augen. Jeder Mensch wird im Wechsel der verschiedenen Leben von den entgegengesetzten Ausprägungen mitbestimmt: Sie weben mit am großen Teppich des Schicksals. Eine irgendwie geartete Erinnerungsspur davon lebt in jedem

Menschen. Die männliche Inkarnation ist allerdings verschlossener im «Jetzt», da sie tiefer in die Stoffgestalt eingeht und dadurch ihre Erinnerungsfähigkeit, die über das jetzige Leben hinausführt, weitgehend verliert. Es gibt daher im Leben eines Mannes nur selten Situationen, da er sich in ein weibliches Dasein versetzen will. Öfter gibt es dagegen im Leben der Frau Phasen, in denen sie die Rolle des Mannes ersehnt.

Dieses Bewußtsein, das den Wechsel durch die verschiedenen Inkarnationen «weiß» oder ahnend empfindet, vermag die Gegensätzlichkeiten von Frau und Mann zu lockern. Weder ein gegenseitiger Durchsetzungskampf noch allein die naturhafte Anziehungskraft sollte ihre Begegnungen ausschließlich prägen. Vielmehr könnten sie auf höherer Bewußtseinsebene glücken, wenn sich für Augenblicke eine andere, neue Art von Vollkommenheit ereignet, indem zu der einen Einseitigkeit sich die andere gesellt. Solche Ahnungen von menschlicher Vollkommenheit traten in großen Geistern immer wieder auf. Sie verfolgten Lebensspuren, in denen die Begegnung von Frau und Mann noch eine andere als die naturhafte Perspektive in sich birgt, so daß sich Frau und Mann neu und anders, als es die Sinnesnatur vorschreibt, berühren: freiheitlicher und aus einem die verschiedenen Erdenleben überschauenden Ich-Entschluß.

Die Sehnsucht, das Andersgeartete als ein im

Innersten Wahrgenommenes, Erinnertes anzunehmen, will im Grunde menschheitliche Vollkommenheit auch gestalthaft erreichen. Die Frau vermag im allgemeinen, – durch die nicht so tief mit dem Physischen verwobene Inkarnation – dieses Gestalt-Urbild leichter zu imaginieren. Daher ihre viel größere Unruhe an jenem Zeitpunkt, da sie sich bewußt selbst erfährt und ihre abgesonderte Situation erkennt. Diese Unruhe – oft falsch gedeutet, oft in Aggression übergehend – beruht nicht allein auf der Perspektive ihrer Unterdrückung.

In seinem Werk *Aus der Akasha-Chronik*[2] schildert Rudolf Steiner, wie der ursprünglich androgyne Mensch zu einem bestimmten Zeitpunkt der Evolution in ein männliches und weibliches Wesen auseinandertrat. Das männlich inkarnierte Wesen übernahm einen Teil seiner ursprünglich geistigen Vollkommenheit in seine leiblichen Fähigkeiten: Es wurde physisch hervorbringend, zeugungsfähig. Der andere Teil – empfangend gestimmt – diente als Grundlage für seine geistige Entwicklung. Der physisch zeugungsfähige Mensch ist also geistig empfängnisbereit. Das weiblich inkarnierte Wesen teilt sich im Gegensinn mit: Seine physische Natur offenbart die Fähigkeit zu empfangen, geistig bleibt es zeugungsfähig.

Aus der männlich gearteten Geistigkeit – aufnehmend, ordnend – ist die Naturwissenschaft hervorgegangen. Ihre großartige Leistung stellt aber nur dar, was nachgeschaffen, aus Beobachtung empfangen wurde. Die weiblich geartete Geistigkeit erweist ihre Zeugungsfähigkeit in der phantasiereichen Produktivität, in ihrem Ideenreichtum; doch oft wie «mit Zungen redend», das heißt ohne den festigend empfangenden Boden. Diesen muß sie jeweils erst bewußt herstellen.

Die Sehnsucht nach der ursprünglichen Vollkommenheit universaler Menschlichkeit blieb aber bestehen. Sie fand schon in den Mysterien ihren Ausdruck. Auch Platon formulierte sie in dem bekannten Symposion über das Wesen der Liebe. Die weise Frau, Diotima, spricht es aus: Liebe ist die geheime Bewegkraft, die das Getrennte wieder zusammenführt. Sie ersehnt, im Schönen, in der Erscheinung dieser Verbindung, das Schöne – auch leibhaftig – zu zeugen. Sie entzündet aber auch Über-Zeugung. Sie steigert die Befähigung des Menschen zum Denken und vereinigt so in der geistigen Erkenntnis das auf Erden Getrennte.

Die mystische Begegnung zwischen der männlichen und weiblichen Daseinsgestalt als Bildekraft einer zukünftigen, wieder ins Ganze geheilten Menschheit, lebt auch heute – zwar verborgen noch – in einer unausdrückbaren, «unsäglichen» Sehnsucht, die in jeder Liebesbegegnung zwischen Frau und Mann anwesend wird und diese wie ein auf dem Wege der irdischen Liebe unerfüllbarer Rest überdauert. Sie lebt fort in einer inneren Unzufriedenheit, überlebt immer nur in Teilbefriedigungen.

Diese Sehnsucht nach einer Zukunftsgestalt wird immer drängender. Die Menschheit geht ihrem Herbst entgegen. In diesem reift die Erwartung, daß zwischen Frau und Mann noch eine anders geartete, schöpferische Begegnungsform entwickelt wird, die den ursprünglichen Entwurf der Menschheit verjüngend belebt. Die gegenwärtige Emanzipationsbewegung der Frau gerät immer wieder in Gefahr, diese Zukunftsvision außer acht zu lassen, obwohl Sie im Innersten von dieser impulsiert wird.

Künstlerinnen und Künstler – Dichter und Maler – unserer Zeit empfinden diesem menschheitlichen Problem gegenüber eine innere sensible Unruhe, die sie das Thema immer wieder aufgreifen läßt. Sie spüren, daß nur mit der Lösung der gegenwärtig so angespannten Frauenfrage auf höherem Niveau ein Weg aus der Sackgasse des Materialismus, der Umweltzerstörung und Unmenschlichkeit herausführt. Kunst eröffnet eine Welt im Zustand des Entwurfs. Sie bietet immer die ersten Anstöße, jenseits von Moralpredigten und Verhaltensrezepten, jenseits aller Machtstrukturen, für eine zukünftig entstehende Kultur. In diesem kulturschöpferischen Sinn haben Heinrich Böll, Günter Grass und andere in ihren Werken das Thema der menschlichen Begegnung zwischen Frau und Mann immer wieder neu aufgenommen. Noch ist dies wenig verstanden worden, weil ihre Sprache wie in Vorurteilen verhangen scheint.

Was sich da aber aus der zumeist traditionell «männlichen» Verhüllung als künstlerische Vision zu gestalten sucht, sollte jetzt von Frauen im Zuge ihrer Selbstfindung erkannt werden. Die Frau ist heute aufgerufen, den ersten Schritt in den geistigen Raum einer bewußten Begegnung von Frau und Mann zu tun.

Das bedeutet aber nicht, daß gegenwärtig wieder eine Epoche des Matriarchats nahe. Wer so denkt, begreift nicht die Wirklichkeit der Evolution. Diese ist kein Schaukelstuhl mit immer neu verteilten Übergewichten. Sie strebt vielmehr ein Ziel an, welches höheren Orts wiederbringt, was im Entwurf des Anfangs war: den Menschen als männlich-weibliche Gestalt, zur Offenbarung seiner vollen Entelechie. Das Zusammenwachsen von Frau und Mann – die Heilung ins Menschheitliche – geschieht an höherem Ort, jenseits von Moral und Theorie. An diesem Ort geistiger Wirklichkeit stehen im Bereich der Bildekräfte Frau und Mann ebenso in gegensätzlicher Gestaltung einander gegenüber. Des Mannes weiblich bestimmter Ätherleib (seine Lebensorganisation), der Frau männlich bestimmter – sie prägen das Seelenleben in der erwähnten Art – sind nun Berührungsort männlich-weiblicher «Heilung». Die geistige Begegnung, die Berührung zwischen Frau und Mann geschieht auf dieser Erkenntnisebene, auf der das gegensätzliche Element von innen geistbelebend auf jeden zukommt. Sie geschieht hier ungleich stärker, verbindender und mit wesensbewegender Konsequenz. So wie in der Reinkarnationsfolge der Wechsel von männlicher und weiblicher Gestalt einen individuell vorgegebenen Übungsweg beschreibt, so wird der eigene Entschluß für den spirituellen Schulungsweg, den die Geisteswissenschaft vorlegt, und der zunächst in die Bereiche der Bildebewegungen vordringt, diese beiden Lebensübungen einander annähern.

In diesem Sinne könnte auch von einem Übungsweg in der Begegnung von Frau und Mann gesprochen werden: von einer Lebensübung des Gesprächs, der gegenseitigen Wahrnehmung, die in eine neue Berührungsfähigkeit einmündet. Frau und Mann berühren sich dann wieder seelisch-geistig, indem sie sich gegenseitig als Individualitäten neu erkennen und anerkennen. Wir können diese Fähigkeit auch *Zärtlichkeit* nennen, sie wird sinnlich geübt, aber übersinnlich wesenhaft erweitert. Sie verwandelt sich auf übersinnlichem Feld über die Eigenwahrnehmung hinaus zur geistigen Einfühlungskraft in den anderen. Diese Fähigkeit zur Zärtlichkeit wächst dann nämlich in den geistigen Raum unserer ätherischen Bildekräfte hinein, die Rudolf Steiner in seiner *Theosophie* auch als «bildendes Leben» bezeichnet. So wie die sinnliche Zärtlichkeit in der Berührungsbewegung erfahren wird, so die Bildekräfte in der Beweglichkeit eines neuen Denkens. Dieses taucht – in Gegenrichtung zu alten Denkgewohnheiten – in eine lebendige, von Lebenskräften gespeiste Strömung ein. Alte Sicherheiten in dem, was «Frau-Sein», was «Mann-Sein» bedeutet, beginnen zu wanken. Die üblichen Stützen – auch wenn sie nicht aus gegenseitigen Voruteilen bestehen –fallen in sich zusammen. Die abgestandenen Gewässer der allgemeinen Meinung werden jetzt aufgewirbelt, an manchen Orten auch ins Chaos geworfen. Das Neue beginnt auf unsicherem Grund. Am Zeitenort dieses Geschehens kann die Impression entstehen, daß wir lernen müssen, «über Wasser zu gehen», in dem Sinne, wie es das Neue Testament berichtet. Das noch Grundlose, Bodenlose muß heute durch die innere Beweglichkeit eines neuen Denkens bewältigt werden. Nur «Bewegung» kann uns vor dem Ertrinken retten.

Der Gang über den Wassern dieser in der Tiefe aufgewirbelten Zeit bleibt ein Wagnis. Wer aber im Bewußtsein der Bildekräfte polarer – das heißt männlicher und weiblicher – Natur diese «Wasserprobe»[3] besteht, schreitet über das «Meer» ätherischer Wahrnehmung; der Wahrnehmung einer neuen Begegnung von Frau und Mann, aus der eine fruchtbare Zusammenarbeit auf den Gebieten der Kultur, Politik und Wirtschaft ergeben wird.

In diesem ganz umfassenden Sinn soll im folgenden versucht werden, in künstlerischen Entwürfen und Schicksalsbildern solche Berührungswege aufzufinden und zu sensibilisieren.

Berührungen.
Gegen die Isolation
durch das Böse

Erfahrungen im Märchen

Die Würde des Menschen ist unantastbar. Das Menschliche aber wird vermittelt durch die Berührung. In dieser Spannung zwischen Unantastbarkeit und Berührungssehnsucht ereignet sich das soziale Leben des Menschen. Die Fähigkeit zu Distanz und Nähe – obwohl auf verschiedenen Ebenen liegend – bedürfen der gegenseitigen Beachtung. Ist die eine innig an die geschlossene Individualität – die individuelle «Klausur» – gebunden, so die andere an die Mysterien der Leiblichkeit. Die letzeren aber, die von höchster Natur sind, öffnen sich einer Sphäre, die in der Berührung erfahren werden kann.

Das Wesen der Berührung erscheint im Dämmerlicht einer Erfahrung, die wir wie träumend machen. Wir vertrauen ihr; wir wissen aber nicht, was wir mit ihr bewegen. Das Märchen baut auf solche Erfahrung. Es handelt in ihr und klärt sie auf seine Weise. Der Prinz, der die verzauberte Prinzessin berührt, erlöst sie vom bösen Bann. Das Märchen von *Dornröschen* erzählt dies in großen Wahrbildern. Dornröschen, das Wunschkind eines Königspaares, sticht sich, als es fünfzehn Jahre alt ist, an einer Spindel und fällt in einen hundertjährigen Schlaf. Damit erfüllt sich der Fluch der bösen Fee, die sich die Spindel, die den Faden des *gedachten* Zusammenhangs spinnt, dienstbar macht. Die Prinzessin fällt dadurch aus dem *lebendigen* Zusammenhang ihrer Umgebung heraus. In einem verschlossenen Turm, der von einer wilden Dornenhecke umwachsen wird und damit vollkommen unzugänglich ist, schläft sie einen «hundertjährigen Tod» der intellektuellen Absonderung; zwar erstarrt, aber ohne Verlust der eigenen, eigentlichen Schönheit. Als die Zeit reif ist, kommt der Prinz, der aus Liebe bereit ist, das Abenteuer der Dornen und des Turmes zu bestehen. Und indem er die Schärfe und Härte dieser abweisenden Hülle nicht scheut, verwandeln sich die Dornen in blühende Rosen. Sie lassen ihn ein. Im Turm findet er die schöne Seele. «Und wie er es mit dem Kuß berührte, schlug Dornröschen die Augen auf, erwachte…»

Das Böse erscheint im Märchen als ein besonderes Gelenk. Es bestimmt die Handlung. Dramatische Wendungen, die den möglichen Fortschritt einleiten, sind des Bösen Gabe. So baut es die Schwelle, an welcher der Mensch – sich stoßend oder stolpernd – schmerzhaft seiner selbst bewußt wird. Ohne diese Schwelle werden neue Lebensräume nicht betretbar.

Das Märchen kennt das Böse in vielerlei Gestalt. Daher wirkt es in verschiedene Richtungen. Der todesähnliche Schlaf im Turm des intellektuellen Eigenseins, um den herum die Dornen wachsen und jeden hinzutretenden Lebenszusammenhang abwehren, beschreibt die *eine* Wirkung des Bösen. Eine andere kleidet sich in Geiz, Habgier und ähnliches. Eine dritte Art erscheint als Maßlosigkeit, im Märchen oft als eine Überfülle des Essens und Trinkens beschrieben, von einem wilden Feuer im Herd begleitet, das da kocht, brät und backt, wie zum Beispiel in *Hänsel und Gretel*. In dieser Gestalt kann das Böse nicht durch Berührung erlöst werden. An die Stelle des Übermaßes muß Festigung, Konzentration, erwachter Eigenentschluß treten. Die Erstarrung im eigenen Turm aber bedarf der Berührung; das Berührte wird «gerührt», es kommt in Bewegung.

Das Märchen von *Jorinde und Joringel* stellt das Wesen der erlösenden Berührung noch subtiler dar. Als Jorinde dem Bann der Erzzauberin verfällt, weil sie sich dem magischen Schloß – dem Reich des Geheimwissens – ohne die dazu notwendige menschliche Reife genähert hat, wird sie in eine Nachtigall verwandelt. Ihrem Bräutigam Joringel erscheint danach im Schlaf das Bild der rettenden Tat. Er träumt von einer «blutroten Blume, in deren Mitte eine schöne große Perle war…Alles, was er mit der Blume berührte, ward von der Zauberei frei…Des Morgens, als er erwachte,…suchte er bis an den neunten Tag. Da fand er die blutrote Blume am Morgen früh. In der Mitte war ein großer Tautropfen, so groß wie die schönste Perle...» Damit berührt er Jorinde und befreit sie vom Bann des Bösen.

Die Bildsprache dieses Märchens differenziert und vollendet in gewisser Weise den Vorgang der Isolierung im Dornen-Turm, indem sie die unscheinbare, verkleinerte Leibgestalt der Nachtigall beschwört, die in einem Körbchen gefangengehalten wird. Die Menschenseele – im Märchen von Dornröschen auch im Turm noch schön anzuschauen – erhebt im zweiten Märchen diese Schönheit in den Gesang. Der Ausdruck der geschlossenen Individualität steigert sich ins Seelisch-Geistige. In dieser Abgeschlossenheit verfolgt das Böse den Fortgang des Prozesses der Absonderung: die Sünde wider Erde und Menschennatur. Der Mensch, aus dem Zusammenhang mit dem Nächsten gelöst, verhärtet im Sondersein. Er kann in diesem wohl seine geistigen Fähigkeiten steigern – die fliegende Seele Nachtigall singt bei Nacht –, aber sein Dasein isoliert sich von der Erde.

Rudolf Steiner beschreibt diesen Zusammenhang in seinem Buch *Wie erlangt man Erkenntnisse der höheren Welten?*: «Während der elementaren Erleuchtungsübungen muß der Geheimschüler dafür sorgen, daß er sein Mitgefühl für die Menschen- und Tierwelt, seinen Sinn für die Schönheit der

Natur immerfort vergrößere. Sorgt er nicht dafür, so stumpfen sich jenes Gefühl und dieser Sinn *durch solche Übungen* fortwährend ab. Das Herz würde hart, der Sinn stumpf. Und das müßte zu gefährlichen Ergebnissen führen.» Am Ende der Schilderung des Einweihungsweges, in dem Kapitel «Leben und Tod – Der große Hüter der Schwelle», erhebt Steiner diese Forderung verstärkt: «Als einzelner hast du bis heute gestrebt; nun gliedere dich in das Ganze ein.» Die Hinwendung zur Mitwelt, der Wille, diese mitzunehmen, ihr zu helfen, gibt dem einzelnen die heilsame Berührung mit dem menschheitlichen Urzusammenhang, der Erde und Mensch als Einheit begreift. Gibt der Mensch aber der Verführung «zur egoistischen Seligkeit und zum bloßen Leben in der übersinnlichen Welt» nach, so verfällt er dem «schwarzen Pfad» des Bösen. Ihm «wird der Boden entzogen, mit dem er verwachsen war...Er wird ausgeschlossen sein...Zieht er seine eigene vorzeitige Erhöhung in die übersinnliche Welt vor, dann schreitet die Menschheitsströmung über ihn hinweg.» Der «weiße Pfad» aber strebt den menschheitlichen Zusammenhang an: die «Entwicklung und Befreiung aller Wesen, die Menschen und Genossen des Menschen sind».

In diesem Sinne schließt sich auch das Märchen von Jorinde und Joringel auf. Jorinde, ins Wesensbild der Nachtigall gebannt und in einem Körbchen gefangen, wurde aus ihrem natürlichen

Lebenszusammenhang entfernt. Steiner schildert in seiner *Geheimwissenschaft*,[4] daß die Tiere im allgemeinen vor Erreichen des Zieles, Mensch zu werden, zurückgeblieben sind. Das Vogelwesen aber hat sich zu früh sozusagen in die Luft, in das Pneuma geworfen und sich damit von der Erde abgehoben. Das Märchenbild von der Nachtigall deutet auf diesen Bezug. Um das Wesen mit seiner gesteigerten geistigen Fähigkeit zum «nächtlichen» Gesang aus der Luft ins menschliche Maß der Mitte zurückzuholen, bedarf es – wie es im Märchen geschildert wird – einer feiner ausgebildeten Berührungsfähigkeit. So muß Joringel die blutrote Blume mit der wassergeborenen Tau-Perle suchen. Er sucht sie während acht Tagen einer Schulung. Am neunten hat er sich die «Blüte» im Blut erworben, in der die Tau-Perle ätherischer Fühlsamkeit aufgefangen ist. Die berührende Hand ist aufgeblüht für die Wahrnehmung des anderen Wesens. Jorinde wird durch diese Berührung wieder Mensch. Der Zauberbann des Bösen ist gelöst.

Ein modernes Anti-Märchen, das einen entgegengesetzten Weg beschreibt, hat eine Zeitlang viel Aufsehen erregt: *Superman*. Filme, Schlager, Comic-Serien von Superman erregen Kinder- und andere Gemüter. Superman ist ein unfehlbarer Held, dem nie etwas zustößt, der alles kann, alles meistert und so eine maschinenhafte Perfektion darstellt. Das große Abenteuer, das er bietet, ist wie ein zusammenhangloses Wunder. Er regelt die

Dinge, ohne ihren Zusammenhang zu wollen. Dieses Anti-Märchen predigt Lebensflucht. Superman wird als die Offenbarung eines Übermenschen mißverstanden, der sich wie ein Vogelwesen über die Menschen erhebt. Er erscheint als Vorbild, so als müsse man ihm nachstreben, als ob seine Lebensform Glück verheiße. Seine Kleidung besteht aus einer Art Weltraumanzug. So sehr er auch in der «Höhe» zu Hause ist, sein Wesen bleibt ohne Entwicklung, ohne Aussicht auf Verwandlung, geistig unwirklich. Diese Unwirklichkeit hat unmenschliche Züge. Ein Mensch bliebe auch als Held verwundbar, wie etwa Siegfried, dem – als er im Drachenblut badete, das ihn unverwundbar machen sollte – ein Blatt auf die Schulter fiel. An dieser Stelle blieb die Haut «hell» – menschlich durchlässig, verwundbar. Hier konnte ihn auch der Todesstoß treffen. Der Perfekte dagegen, Superman, ist unberührbar, unverwundbar, unmenschlich: ein geschlossenes System, ohne Zukunft und Werden. So kann er auch nicht – wie etwa Faust – erlöst werden. Dieser Turm bleibt unzugänglich.

Die Individuation des Menschen – in seinen Turm – stellt eine wesentliche Stufe seines Werdens dar. Das muß beachtet werden. Die Individualität äußert sich in der vielseitigen Befähigung, «Haut» zu bilden. Das Phänomen «Haut» mit seinen subtilen Bezügen zu Individuation und Sozialisation, zu innen und außen offenbart die Mysterien des Leibes: Abschluß und Öffnung zugleich. Die menschliche Haut stellt in einer Doppelgebärde Ab-Teilung und Mit-Teilung dar. Indem der Mensch in seinem Leib abgeschlossen erscheint, gewinnt er Bewußtsein für sich und mitteilende Öffnung durch die Berührung. Als Thomas – der Jünger Christi, der später der Zweifler genannt wurde – dem Auferstandenen begegnete, suchte er Berührung mit ihm. In der Berührung hoffte er einen tieferen Zusammenhang mit der Leib-Gesetzlichkeit zu erfahren, als es die anschauende Wahrnehmung im Abstand vermag. Thomas ersehnte offensichtlich, sich in die Mysterien des Leibes einzufühlen, um aus der isolierten Sphäre des Zweifels herauszukommen.

Berührung «rührt» an eine wesenhafte Substanz. Sie entzaubert für die fühlende Empfindung Kräfte, die im allgemeinen verzaubert im Lebensbereich träumen. Die physische Haut wird in der Berührung Auge oder, wie es im Märchen heißt: blutrote Blüte, die eine Tau-Perle trägt. Die Haut wird ätherisch fühlsam, angereichert von einem halbbewußten inneren Prozeß, und aufgeschlossen – sozusagen mit Zauberkraft befähigt –, den anderen durch die Berührung zu erwecken. Wo wir berührt werden und wo wir berühren, geht ein Auge auf für den Menschenbruder. Dieses «Auge» schlägt sich auf – nun nicht aus einer naturhaften Berührung mit dem Licht und für dieses Licht, sondern aus der wesenserfüllenden Berührung mit dem anderen und für diesen anderen. Ich berühre ihn, will ich ihn liebend erkennen.

Berührung – ihre subtile Beziehung zu Oberflächen – findet im Element des Wäßrigen ein spezifisches Bild. Was das Wasser nicht auflöst und wovon es nicht abgestoßen wird, dem schmiegt es sich mit seinem ganzen Strömungsfeld an. Das fließende Wasser ist durch und durch «fühlendes Berühren». Berührung ist also kein statisches Faktum. Berührung ist Bewegung. Das Wasser spielt es vor: strömend, wirbelnd, sich ausdehnend schmiegt es sich in seine Umgebung ein. In immer neuen Gestaltwandlungen ergreift es diese Umgebung, indem es der ihm innewohnenden Tendenz nachgibt: zur unendlichen Oberfläche zu werden, an welcher «unendliche» Berührung sich ereignet.

Diese strömende Gestalt des Wassers – der Fluß im Flußbett – ist eine irdische Metamorphose der Urform des Tropfens. Der Wassertropfen hat eine kosmisch runde Form. In dieser erscheint das Wesen des Wassers vollendet. Durch die Berührung büßt es jedoch diese kosmische Gestalt ein: Es verwandelt sich, wird irdischer und unvollendet – berührungsfähig. Das Wasser wird «Fluß», der durch seine Landschaft fließt, mit ihr innig verbunden. Die Berührung mit der Umgebung sättigt sein Werden. Im Gegenzug: Wo die benetzende Fähigkeit des Wassers nicht angenommen wird, rollt es sich wieder zum Tropfen zusammen. Es verschließt sich. In diesem Sinne müßte auch das Märchen von Jorinde und Joringel ergänzt werden: Als Joringel den Nachtigallenkäfig mit der blutroten Blume berührte, fließt deren Tau-Perle über, die Berührung vermittelnd.

Der magische Glanz der Utopie

Der unantastbare, vollendete Mensch – der Übermensch – ist die Utopie einer absoluten idealen Forderung, die keine Beziehung zum Irdischen hat. Diese Utopie leugnet menschheitliche Wege des Werdens. Was nicht berührt werden kann, berührt auch mich nicht. Im Gegenteil, es entfremdet sich mir derart, daß es sich in seiner Beziehungslosigkeit menschlich aushöhlt. Die leere Stelle besetzt schließlich der «Dämon». Und doch wird diese Utopie des Übermenschen literarisch gern beschworen. Die Idee der absoluten Vollendung erscheint immer wieder in ihrer verführerischen

Größe. Magischer Glanz umgibt das unendlich ferne Ziel.

Als besonders eindrucksvolle Beispiele können Werke des norwegischen Dichters Henrik Ibsen genannt werden. Ibsen schuf in seinem Schauspiel *Brand* das Vorbild eines Übermenschen. Brand, Pfarrer in einer norwegischen Fjord-Landschaft, will seine Gemeinde idealiter «himmelan» führen. Doch er scheitert am Allzumenschlichen in dieser Gemeinde, die er weder lieben noch begreifen kann. So entfernt und entfremdet er sich ihr immer mehr, bis es schließlich keine Berührungspunkte zwischen ihnen mehr gibt. «Seine Liebe zu Gott läßt die Liebe zu seinen schwächeren Menschenbrüdern erkalten» (Dan Lindholm[5]). Am Ende wird der in das Hochgebirge getriebene Pfarrer von einer Lawine begraben. Das Bild von der Lawine im Hochgebirge besitzt fast mythologischen Charakter, indem es Problem und Katastrophe der eiskalten Höhe vielschichtig zeichnet. Ibsens Dichterfreund Björnson (zitiert Lindholm) schrieb folgendes über dieses Stück: «Ich langweile mich bei all diesen Wahrheiten, die fechtend, schreiend und hochtrabend daherkommen. Mit Händen und Füßen wehre ich mich gegen diese forcierten Exerzitien, gegen eine Abstraktion, der jede Menschlichkeit zuwider ist. Ich hasse dieses Buch, seine Lektüre macht mich krank!»

Aus der Erfahrung, die Ibsen selbst an diesem Werk gemacht hat, schuf er 1867 ein Gegenbild:

Peer Gynt. Der Mensch Peer Gynt ist unvollkommen, ein Wandernder, Werdender. Er kommt schließlich zu sich selbst, «nicht durch das Schälen der eigenen Zwiebel» (Lindholm), sondern durch die Berührung mit der Wirklichkeit einer weiblichen Seele. Siebzehn Jahre später, 1884, vermag Ibsen dann in seiner *Wildente* darzustellen, wie die absolute «ideale Forderung» derart eskalieren kann, daß sie «böse» wird. Die Menschen scheitern an ihrer vernichtenden turmhohen Starre.[6] Mit Ibsen und vor allem auch mit Brecht hat in der Theaterliteratur die «ideale Forderung» des alten klassischen Theaters ihre Herrschaft verloren. Das Theater rückt aus dem erhöhten Gegenüber – als Bühne – in menschliche Nähe. Auf dem Schauplatz des Menschen müssen auch die Ideale «Erde» annehmen. In der Berührung mit den irdischen Verhältnissen rücken sie von ihrem absoluten Standpunkt ab und nehmen eine dem menschlichen Werdeschritt entsprechende Gestalt an. Die Absolutheit einer idealen Forderung erstarrt im unbeweglichen Gegenüber wie in einem Turm; sie schließt den Unvollkommenen aus, indem sie ihn geistig verhungern läßt. Das Theater hat heute in diesem Sinne seine «Bühne» aufgegeben, gleichermaßen wie der Zuschauer seine passive Rolle. Der neue «Fluß» hat sein Flußbett auf der Erde gefunden. Mit diesem muß er wieder «steigen» lernen, sich der Zukunft öffnen.

Freisetzende Berührungen sind von zärtlicher Art. Zärtlichkeit umhüllt den Spielraum menschlicher Fähigkeiten. In der Hülle aus Zärtlichkeit wird sich der Mensch freier entfalten können als im Sturm der Kritik. Die zärtliche Berührung will nichts für sich; sie macht aber vieles möglich, indem sie nicht nur den Verletzlichen schützt, sondern ihn tiefer ergreift und begreift.

Heirich Böll spricht zum Beispiel in dem Drei-Tage-Gespräch mit Christian Lindner[7] von der Theologie der Zärtlichkeit: «Im Neuen Testament steckt eine Theologie der – ich wage das Wort – Zärtlichkeit, die immer heilend wirkt; durch Worte, durch Handauflegen, das man ja auch Streicheln nennen kann, durch Küsse, eine gemeinsame Mahlzeit – das alles ist nach meiner Meinung total verkorkst und verkommen durch eine Verrechtlichung, man könnte wohl auch sagen durch das Römische, das, Dogmen, Prinzipien daraus gemacht hat, Katechismen; dieses Element des Neuen Testaments – das zärtliche – ist noch gar nicht entdeckt worden; es ist alles in Anbrüllen, Anschnauzen verwandelt worden...» Zärtlichkeit heilt. Sie heilt den Berührten wie den Berührenden gleichermaßen. Beide nehmen sich gegenseitig wesenhaft «wahr». Sie bewahrheiten sich als Übersinnliche im sinnlichen Dasein. So erscheint

Zärtlichkeit «wesenserfüllt». Wo Berührung «wesenlos» getätigt wird, wirkt sie wie ein vernichtender Schlag, etwa dem elektrischen Schlag vergleichbar, der ja auch am «Kontakt» entsteht. Die wesenserfüllte Berührung intensiviert das ätherische Leben. Der Ätherleib wird spürbar. Die Sich-Berührenden «begreifen» diesen Ätherleib «mit dem, was man in die Hand, in die durchgeistigte Hand hineinbekommt».[8] So gehen wir zu dem Engel des Menschen, wenn wir ihn zärtlich berühren. Wir «begreifen» ihn übersinnlich. Diese spirituelle Wahrnehmung des anderen in der Berührung ist allerdings eine Frucht individueller Übung. Soziale Fähigkeiten werden in unserem Jahrhundert nur bedeutsam erscheinen, wenn sie auf den Übungswegen des einzelnen beruhen.

In einem Interview[9] äußerte sich Peter Handke über Gefahren und Chancen des Alleinseins. Das Alleinsein ist nicht nur zentrales Thema vieler seiner Bücher, er mußte es auch leben lernen. Infolge des Scheiterns seiner Ehe war er gezwungen, mit seinem damals zweijährigen Kind über viele Jahre allein zu leben. Das kleine Kind verhinderte, daß der Abriß zu schnell und oberflächlich wurde, daß er also übereilt neue Zweisamkeit suchte und einging. Das Kind machte das Alleinsein vollständig. Indem er sich auf die Schritte und Lebensbedingungen des Kindes einstellte, mußte das eigensüchtige Maß seiner eigenen Schritte und Lebensbedingungen schweigen. Handke schildert in dem sehr lesenswerten Interview, wie auf den Grund hin elend dieses Alleinsein war. «Das Alleinsein ist lebensgefährlich. Denn man braucht es, mindestens einmal am Tag wahrgenommen zu werden, eine Aufmerksamkeit zu spüren... Das Gefühl der Unwirklichkeit stellt ... sich ein, wenn man in der Vereinzelung nicht mehr geistesgegenwärtig ist und irgendwo wegsinkt.» An diesem Nullpunkt schuf sich Handke die fruchtbare Wendung. Eine neue Art von Ordnung mit sich selbst entstand aus dem Bemühen, das Alleinsein zu bewältigen. Langsam und konzentriert wuchs er in diese Ordnung hinein. Er wurde ein anderer, ein neuer Mensch. Der einzelne gewinnt in dieser individuellen Konzentration ein neues geistiges Vermögen. Handke bezeichnet dieses Vermögen als «sanfte Kraft der Spiritualität». «Solženicyn hat in seiner Harvard-Rede von der mangelnden Spiritualität im Westen gesprochen. Ich habe einen ganz anderen Eindruck: Daß durch den epochalen Vorgang des Alleinseins – das ist schon ein epochaler Vorgang, der sich da aus vielen privaten Fällen zu einer gewissen öffentlichen Kraft zusammenballt –, daß durch diesen oft gar nicht gewollten Vorgang des Alleinseins und dem Alleinleben allmählich eine sanfte Kraft der Spiritualität entsteht, überall. Und daß dadurch die Möglichkeit eines *anderen* Paares entsteht, Paare wieder möglich erscheinen... Das Ideal wäre, mit jemand zu leben und dabei die Kühnheit, die man durch das Abenteuer des Alleinlebens erst erreicht hat, zu erhalten und sogar zu harmonisieren. Und die Liebe, die könnte darin bestehen, daß der andere, oder die andere wirklich wie aus der Tiefe der Zeiten zu einem reden kann – einem ins Gewissen redet, was es sein kann, zu zweit zu sein. Die Liebe sollte etwas sein, das ganz kühn macht und zugleich immer in Distanz bleibt. Damit meine ich nicht räumliche Entfernung, sondern eine Distanz, die dem anderen die Würde läßt. Liebe kann ich mir jedenfalls nur in dieser heroischen Distanz vorstellen – die auch eine Art Verehrung des einen für den anderen ist und gleichzeitig eine Art Strenge…»

Mit diesen Worten versucht Handke, auf geistig errungene Kräfte hinzuweisen, die den Menschen sinnlich-übersinnlich erkennen. Die «sanfte Kraft der Spiritualität», die Kraft, die auf «Taubenfüßen», leise und vom Weltgetümmel zumeist unbemerkt, sich nähert, begreift Mensch und Welt differenzierter, sensibler. Sie leuchtet in dem Märchenbild von der «blutroten Blume mit der Tau-Perle» wieder auf. Nach dem Schulungsweg des individuellen, einsamen Suchens blüht sie für den anderen Menschen auf. Sie wird berührungsfähig, nun allerdings «in heroischer Distanz». Der Mensch bildet um diese heroische Distanz eine erweiterte, sensibel-empfindsame «Haut»: voller Augen, die das Geistgesetz der menschlichen Leiblichkeit an sich selbst und am anderen erkennen.

Das Geheimnis des auferstandenen Leibes

Christi erspürte Thomas durch sein Bedürfnis nach Berührung. Als Maria Magdalena noch am Grabe den Verstorbenen suchte, begegnete ihr dieser in der Gestalt des Gärtners. Dieses Bild deutet auf einen Wachstumsweg. Noch ist der Prozeß der geistigen Leibwerdung nicht vollendet: «Berühre mich nicht!» Acht Tage später aber konnte der Auferstandene zu Thomas sagen: «Reiche deinen Finger her und siehe meine Hände und reiche deine Hand her und lege sie in meine Seite.»

Alchemie der Nähe.
Die Frau
im Bewußtsein der Zeit

Ichthys – der Fisch: Bild der Nähe

D as Wissen um Zubereitung und Verwandlung
von Stoffen wächst aus der inneren Nähe zu
ihnen. Alchemist und Kochkünstler handhaben
dieses Wissen, indem sie beim Bewegen und
Mischen der Stoffe in sich selbst die Veränderung
verspüren, die sie an den Stoffen bewirken. Das
eigene Befinden schlägt wie ein Herz mit den Prozessen des Mischens, Erhitzens und Würzens mit.
Die Wahrnehmung richtet sich also nicht nach außen, sondern nach innen in die eigene, den Prozeß
begleitende Befindlichkeit. Diese Befindlichkeit
beinhaltet einen besonderen Vorgang, den ich mit
«Alchemie der Nähe» bezeichnen möchte. Sie
durchzieht – unräumlich gedacht – den Handeln-
den wie den Prozeß gleichermaßen. Man könnte
auch sagen: Befindlichkeit als Nähe umgreift bei-
des. Diese Nähe wächst aus dem Medium der han-
delnden Begegnung; sie durchzieht – wie ein Fisch
das Meer – die Bildekräfte mit Lebenssubstanz. So
beschreibt der Begriff *Nähe* einen Schöpfungs-

prozeß. Der Mensch, der Nähe zum anderen beschwört, tritt in jenen geheimnisvollen «Stoffwechsel» ein, der ein Neues, ein Drittes hervorbringt. Dies zeichnet im Bilde der Fisch, der das Meer der Lebenskräfte wesenhaft belebt. Im Urchristentum wurde das welten-versöhnende Wesen Christi im Zeichen des Fisches erfaßt. *Ichthys* bedeutet im Griechischen sowohl Fisch als auch die Zusammenfassung der Initialen von «Jesous Christos Theou 'Yios Soter – Jesus Christus, Gottes Sohn, Heiland».

Dem ganz ursprünglichen Schöpfungsprozeß, welcher «Nähe» zwischen Menschen oder zwischen Mensch und Stoffen erzeugt, liegt die innere Bereitschaft zugrunde, sich in einen anderen als den eigenen Verlauf so einzuschmiegen, daß eine innere Wahrnehmung einsetzt, die Substanzen bildet und nicht nur abbildet. Der alchemistische Koch legt sozusagen seine eigene Substanz-Nähe mit in den «Topf» auf dem Feuer erhöhter Begegnungen. Sie wird der Bereitung von Stoffvermischung und -verwandlung als Geheimnis eine höhere Anwesenheit beigegeben, so daß der Kochprozeß schmackhaft und heilsam oder ungenießbar und giftig werden kann – je nach «Güte» des anwesenden Bewirkers. Er bewirkt aus bewegtem Stoff entweder «Gold» oder «Gift».

Im Gegenzug zur Nähe entsteht Bewußtsein. Bewußtsein baut Nähe ab. Es verdrängt damit auch die aufbauende Anwesenheit von Lebenskräften. Es gewinnt dafür Abstand zu Menschen und Stoffen. Aus räumlicher und zeitlicher «Ferne» schafft sich der Mensch mit seinem Bewußtsein Überblick, der ihn aus zwingender Nähe befreit. So ist das abstand-schaffende Bewußtsein die Bedingung für menschliche Freiheit. Dagegen ernährt menschliche Nähe das menschliche Dasein in bezug zu den geheimen Kräften der Natur.

Die Frau hat seit eh und je diese Nähe zu Menschen und Stoffen durch ihre Lebensart garantiert. Sie ist Köchin und Mutter. Sie trägt in innigster Nähe das Kind zur Geburt. Sie kennt die Geheimnisse der Kochkunst, in die sie ihre eigene Güte hineinzaubert. Ihre Nähe zu Himmel und Erde erweist sie durch ihre Fähigkeit zu Andacht und Frömmigkeit. Das Wort *Mutter* drückt diese Tatsachen intensiv aus, weil Nähe immer auch zu einer eingehenden, verbindenden und umhüllenden Gebärde neigt. Aber ihr fehlt das freiheitliche Gegenüber. Nähe zwingt. Bewußtsein für Freiheit kann nur im Abstand entstehen.

Dieses Freiheitsbewußtsein will heute vor allem und in verstärktem Maß die Frau in sich erwecken. Dadurch ist die Alchemie der Nähe in Gefahr verlorenzugehen. Der Gewinn wiegt aber den Verlust nicht auf. Was gewännen wir durch die Klarheit des Überblicks, wenn er nur um den Preis entsteht, daß die Lebenskräfte gekränkt werden, die sich aus Zusammenhängen speisen, daß er uns isoliert, daß keiner den anderen mehr begreift? Überblick im Bewußtsein bringt noch keine Erkenntnis. Das Wissen um des anderen Dasein – als einer eigenständigen Substanz des Werdens – reift nur in der Alchemie der Nähe heran, in der sowohl Bewegung als auch zukünftige Verwandlung sich ermessen lassen. Absichtsvoll erzwungene Nähe indessen, die sich im Bewußtsein als eine künstliche Brücke zum anderen psychologisch «basteln» läßt, stellt uns unter Umständen eine jener Fallen, die für unsere Zeit so typisch sind und in die wir uns unendlich verstricken können. Die Ersatz-Nähe gibt nämlich die totale Abgeschlossenheit der Individualität kund. So umfassend diese auch sein kann, so giftig wird sie für den anderen, der von ihrer *unvermittelten* Nähe erdrückt wird. Diese möglicherweise antisoziale Ausprägung der Wirksamkeit des anderen, die sich in der Individualität ausdrücken muß, wenn diese als einzelnes, vollbewußtes Ich Bestand haben will, trifft auf die eigene antisoziale Ausprägung, die sich ebenso durch das Bewußtsein kundtut. An diesem Problem scheitern viele moderne Gemeinschaften. Ganz besonders aber ist es zum Problem der Frau geworden, da in ihr die Erinnerung an die einst gehandhabte Alchemie der Nähe noch dunkel umgeht. Man könnte vielleicht sogar sagen, daß die Situation der Frau in unseren Tagen allgemein auf dieses Problem hinorientiert erscheint.

Die zeitgenössische Literatur zeichnet sich durch sensibel geschärfte Sinne besonders für diese Jahrhundertfrage aus. Auch sie gesteht der Frau dabei eine Schlüsselstellung zu. Solange aber Bild und Chance ihres gegenwärtigen Auftretens verzerrt oder verdunkelt der Gesellschaft auflasten, bleiben die Fragen des sozialen Lebens, das heißt der Alchemie der Nähe, unlösbar – als da sind: Zusammenhänge um den §218, Menschenerziehung, Formen des menschlichen Zusammenlebens; das Problem der menschlichen Freiheit.

Heinrich Böll tat mit seinem Roman *Gruppenbild mit Dame* einen Schritt in diese Richtung. Die Gruppe verständigt sich über sich selbst durch das «Bild» der Frau, das sie gewinnt. Auch Günter Grass hat in seinem Roman *Der Butt* zum angedeuteten Problemkreis gesprochen. Seine schöne Prosa, voll rhythmischem Sprach-Atem, sinnlicher Fülle und Ausdrucks-Reichtum zeigt Sensibilität für das Mögliche und Notwendige, einen neuen verfeinerten Sinn für künstlerische Balance.

Das Thema des Romans *Der Butt* führt zu dem plattdeutschen Märchen *Von dem Fischer un syner Fru*. Der Butt ist der große Fisch, der die hochfahrenden und grenzenlosen Wünsche der Ilsebill, der Frau des Fischers, erfüllen und – da sie die irdische Erfüllbarkeit überschreiten – auch wieder zerstören kann. Diesen Butt – einen Steinbutt – hat Grass mehrfach gezeichnet. Er wirkt im Bild gleich einer Versteinerung: zeichenhaft und «steinalt». Grass sagte dazu in einem Interview, daß in einem Märchen jedes Wesen einen bestimmten Ausdruckswert besitzte; so könne man doch «sehen», daß die Stelle des Butt kein Hering einnehmen könne; dem «steinalten» Steinbutt hingegen, dessen uraltes Gesicht wie das eines Gebieters über die Schöpferkräfte der Erde anmutet, sei ohne weiteres zuzutrauen, daß er auch sprechen könne.

Ilsebill wird im Märchen als das Urbild einer bösen, zänkischen, von grenzenloser Gier und Herrschsucht erfüllten Frau dargestellt. Grass erfindet ein Zusammentreffen von bedeutenden Romantikern (die Brüder Grimm, der Maler Runge, Achim von Arnim, Clemens Brentano und seine Schwester Bettina). Bei diesem Treffen erzählt Runge, daß ihm eine alte Frau dieses Märchen in zweifacher Fassung überliefert habe. In der zweiten Fassung ist die Grundkonzeption umgestellt. Der Mann ist darin das bösartige, gierige, von grenzenloser Machtsucht getriebene Wesen. Während die Künstlerrunde darüber streitet, welche Version die richtige sei, und bezeichnenderweise dabei den Mond betrachtet, verbrennt Runge, des Streites müde, die männerfeindliche Fassung. So ist bis heute nur die eine, diejenige von der unersättlichen Ilsebill, bekannt.

Der «Erzähler» des Romans, das alles zusam-

menfassende Ich, in das sich Grass subtil hinein-
komponiert, übernimmt den Auftrag, den Verlust
der zweiten Fassung auszugleichen. So muß er nun
«schreiben und schreiben». Diese Erzählerfigur
umhüllt und durchzieht den Roman wie eine besondere Substanz, indem sie sich mit allen anderen
Figuren identifiziert. Sie *ist* jede Figur in jeder
Zeit. Dadurch macht sie einen feinsinnigen sozialen Prozeß durch. Bewußtsein der Nähe erwacht:
immer dabei gewesen zu sein, für alles Verantwortung zu tragen, weil man es immer auch selbst gewesen ist, der handelte. So muß der Erzähler die
frauenfeindliche Einstellung vieler Jahrhunderte
in sich ausgleichen, weil der Mann ja immer auch
die Frau gewesen ist. Die alte Frau, welche dem
Maler Runge im Roman die «zweierlei Wahrheiten» diktierte, sagt daher, das Problem abschlie-
ßend, daß «dat een un dat annert tosammen» die
ganze Wahrheit ergeben.

In neun Kapiteln – entsprechend den neun Mo-
naten, die ein menschliches Wesen von der Zeu-
gung bis zur Geburt von der Frau getragen wird –
stellt Grass zwölf Frauen verschiedener Zeitalter
dar – entsprechend den zwölf Welt-Wesensrich-
tungen im Tierkreis. Ihrem Wesen nähert er sich
dadurch, daß er sie alle als Köchinnen vorstellt.
Ein subtiles Einleben in den alchemistischen Prozeß des Kochens – nämlich in die Mysterien vom
Lösen und Binden bestimmter Substanzen – macht
es Grass möglich, die Frau jenseits aller emanzipa-

torischen und feministischen Agitationen ihrem
Wesen gemäß begreifen zu lernen. Ein Wesen, das
Kinder «trägt» und Menschen «ernährt» – im wei-
testen Sinne des Wortes –, ist ein anderes, als es die
Karikatur von Ilsebill wahrhaben möchte. Ilsebill –
als ein Beispiel – hat die alten Fähigkeiten der
Frau, Bildekräfte der Nähe zu entwerfen, ins
Materielle veräußerlicht. Was einst intensiv im Be-
reich der ätherischen Bildekräfte, im Zugriff ihrer
Substanzbildung lag, wendet sie ins Physisch-ma-
terielle um. Sie bildet nicht Nähe zum anderen aus,
sondern sie will das andere «haben» und das andere «sein», so daß nichts mehr neben und über ihr
Raum findet. Sie will das Schloß haben, sie will
König, Kaiser und schließlich Gott selbst sein. Die
alte soziale Fähigkeit der Frau ist in Ilsebill ins
Gegenteil umgeschlagen: zur antisozialen Hab-
und Herrschsucht. Sie wird zum Gift der sozialen
Gemeinschaft.

So betrachtet ist das Märchen vom Fischer und
seiner Frau uns doch in seiner richtigen Fassung
überliefert worden. Der Mann ist nie so innig in
die Alchemie der Nähe einverwoben wie die Frau.
Er kann deshalb den Gefahren der Veräußer-
lichung dieses Vorgangs nicht so extrem unterlie-
gen. Die Bedingungen einer männlichen Inkarnation geben vielmehr der Bewußtseinskraft, das
heißt dem Überblick im Abstand – der Freiheit
also – Raum.

Inkarnation beinhaltet einen Prozeß, in dessen
Verlauf sich ein Geist-Wesen im Schmelzofen seiner und der irdischen Bedingungen die Form
schafft, die es für ein Erdenleben braucht. Dieser
Prozeß ist mit dem Tod zunächst abgeschlossen
und wird dann erst überschaubar. Die reine Men-
schenform löst sich am Ende aus der Asche ausge-
geisteten Lebens (ein Ausdruck von Goethe). Die
in diesem Sinne «ausgebrannte» Leiblichkeit fällt
an die Lebenserde zurück. Als Asche trägt sie die
Merkmale des Inkarnationsfeuers in sich. Sie kann
die fortlebende Erdensubstanz geistig gestaltend
durchleuchten. Im negativen Fall, wenn sich die
Leiblichkeit zur ungeläuterten Schlacke verhärtet,
die das Inkarnationsfeuer nicht vollständig durch-
läutern konnte, fällt sie als «Abfall» einer zerstäu-
benden Erde zu.

Diese physische Substanzgrundlage des Menschen ist entweder «männlich» oder «weiblich»
ausgeprägt. Das bedeutet zugleich, daß sie in verschiedener Art ergriffen wird. So berechtigt und
vorrangig die Frage nach dem Menschen als sol-
chem ist, so muß doch die Frage nach der Art, *wie*
er verkörpert ist, wie er seinen Leib als Werkzeug
seiner Erdentätigkeit ergreift, aus den genannten
Gründen gestellt werden. Denn in dem «Wie» entscheiden sich Ausdruck und Stärke, mithin die

44

«Farbe» individueller Tätigkeiten. Der Mann durchbrennt seinen Leib stärker, willentlicher, er ist tätiger. Verhärtete, ungeläuterte Schlackenbildung ist seine Gefahr. Die Frau hält sich zurück. Sensiblere Durchdringung des Leiblichen schließt eine gewisse Untätigkeit ein; sie durchleidet ihren Körper eher, als daß sie ihn tätig durchdringend ergreift. So kann sie in die Gefahr geraten, daß sie sich Naturprozessen, die in ihr walten, unterordnet, daß sie sich allem, was auf sie zukommt, hingibt und Eigeninitiativen erstickt, daß sie also das Individuell-Menschliche nicht vollständig erreicht.

Diese zurückhaltende «Einstellung» trägt eine gewisse raumbildende Empfangsbereitschaft in sich. Der empfangsbereite «Raum» kann zum Ohr werden, das erleidend «vernimmt»: ein gesteigertes Gehör, das sich über die sinnliche Wahrnehmung hinaus ausdehnen und in die Bereitschaft zur Nähe einstimmen kann. Um Menschen und Dingen nahekommen zu können, gilt die Bedingung raumbildender Zurückhaltung. Die Zurückhaltung im physischen Dasein beschwört eine stärkere Anwesenheit der Lebenskräfte. Diese geben Substanz her, die sich mit der Lebenssubstanz des anderen so verbinden kann, daß «Nähe» als ein gemeinsames Drittes erscheint. Das «Dritte» kann wesenhaft und deshalb auch sprechend erfahren werden: so wie der «Butt» im Märchen. Die solchermaßen atavistische Fähigkeit der Frau, ein Gehör für Außersinnliches zu entfalten, war in alten Menschheitsepochen lange Zeit hindurch kulturbestimmend. Mit dem Kulturfortschritt, der den Verlust dieser sibyllinischen Fähigkeit mitbestimmte, nahm die Frau ihr *Gehör* als *Gehorsam* nach innen. Sie empfing als eine Art Dienerin, was ihr zugeteilt war. Das hatte sie schließlich in bezug auf das Kind von jeher getan. Solange der Mann naturgemäß aus seinem Bewußtsein die Verantwortung dafür trug und die Einheit beider nicht in Frage stellte, war das auch sach- und lebensgemäß. Er verantwortete die Empfängnis, ebenso wie ihre Verhütung.

Der Beginn einer Verschiebung dieser eindeutigen Situation wird sichtbar, als Verantwortung und Bestimmung bezüglich einer Empfängnis der Frau selbst zugemessen werden. Was zuvor bei Dirnen, die aus der Gemeinschaft der Gesellschaft vollkommen herausgesondert erlebt wurden, vorausgesetzt war, fällt nun in das Bewußtsein jeder Frau. Ihr physisch-seelisches Befinden ist durch diese Aufmerksamkeit vorgeprägt. Störungen nimmt sie in Kauf, da ihr auf der Plusseite ein Mehr an Bewußtheit zuwächst. Aufwacherlebnisse erschüttern hinfort ihre Existenz. Bewußtsein brennt sich neu und stärker in das weibliche Dasein ein. Die Frau beginnt sich aus dem vorgegebenen Gehorsam zu emanzipieren. Aufwachend nimmt sie eine männlich verschlackte Gesellschaftsordnung wahr, deren Aufbrechen mehr als überfällig ist. Die traditionellen Ordnungen fallen in dem Maße auseinander, wie das Bindeglied der sozialen Nähe von niemandem mehr im alten Stil geleistet werden kann.

Indessen: Die Emanzipation der Frau läuft Gefahr, sich zu überstürzen. Überstürzte Befreiung läßt sie übereilt die falschen Gleise befahren. Männlicher als der Mann und schlimmer als Ilsebill beginnen manche Frauen zu agieren. Vieles wirkt dabei lächerlich, manches kläglich und anderes wieder unwürdig – während das Kinderkriegen und die Kindererziehung immer mehr einem einseitig männlich-intellektuellen Denken unterworfen werden und aus der Hut umfassender Instinkte – aus ihrer wirksamen Nähe zu Menschen und Substanzen – herausfallen, das heißt maßlos verwahrlosen.

Mehr am Rande sei auch der Verfall der Kochkunst vermerkt. Wer allein kalorienbewußte Kost oder ausgeklügelte Diät zu sich nimmt, ahnt kaum noch, wie eine Mahlzeit schmecken und die Lebenskräfte ernähren kann, die aus einer Küche kommt, in der noch «Alchemie der Nähe» waltet.

Ein besonderes Problem unserer Zeit zeigt sich in der Kindererziehung. Die vorgeburtlichen Schwangerschaftsmonate und die Geburt selbst sind mitgemeint. Der Inkarnationsvorgang wird in so harter Zeit, wie es die heutige ist, immer gefährdeter. Die an Erwartung auf eine bestimmte geistige Lebensführung orientierte Individualität findet immer seltener ein Elternpaar, das bereit wäre, diese Erwartungen zu erfüllen. Dazu bedürfte es einer bewußten Einstellung der Frau. Sie kann heute ihre Kinder nicht einfach wachsen und werden lassen, um daneben ein «eigenes» Leben zu führen oder gar einen anderen Beruf auszuüben. Seelisch-geistige Verbiegungen wären – und sind, wie es vielfach zutage tritt – die Folge. Denn mit der physischen Geburt des Kindes ist der Ausnahmezustand der Frau, der sie innerlich und äußerlich zur Umstellung zwingt – sie äußerlich aus der Form bringt und innerlich in Wartestellung versetzt, in der sich eine wachsame Verwandlung abspielt –, keinesfalls aufgehoben.

Auch die zweite Geburt des Kindes – die Geburt des Bildekräfteleibes, die sich äußerlich im Zahnwechsel kundtut – vollzieht sich nicht ohne die Hilfe der anwesenden Nähe der Mutter. Sie ereignet sich nicht mehr «von selbst» in gesunder Weise. Zu unübersehbar erhebt sich das gefährdende Doppelantlitz der heutigen Zeit: eine durch mehr Bewußtsein sensibilisierte Innenwelt und eine bedenkenlos vergiftete Umwelt des Kindes. Diese Gefahren können nur annähernd in der hüllenden Nähe der Mutter kompensiert werden. Rudolf Steiner beschreibt in seiner Menschenkunde, wie das Kind bis ungefähr zu seinem siebten Lebensjahr mit diesem Bildekräfteleib von seiner leiblichen Mutter abhängig ist. Erst nach dem Zahnwechsel werden die eigenen diesbezüglichen Kräfte des Kindes frei verfügbar. Auch die nächste

Entfaltungsstufe bis zur Pubertät ist gekennzeichnet durch eine weitreichende seelische Abhängigkeit von der Mutter. Die Geburt einer eigenen seelischen Bewußtheit um das vierzehnte Lebensjahr beendet diese Mutter-Kind-Beziehung, die von subtilen außersinnlichen Bedingungen gespeist ist. Diese Bedingungen lassen sich nicht ohne Not auf eine andere als die eigene Mutter übertragen. Die Nähe der leiblichen Mutter bleibt der wesentlich innige Grund schöpferischer Kräfte für den Eingang einer Inkarnation.

Gespartes Dasein: verjüngtes Leben

Diese Tatsachen, so natürlich sie einer Frau früherer Zeiten eingingen, so schwer fallen die genannten Bedingungen der heute viel bewußteren weiblichen Lebensgestaltung. Zwingen sie doch zur Retardierung der eigenen Lebensrhythmen. Die Zurückhaltung einer bewußten Ausgestaltung «eigenen Lebens» muß aber nicht nur als ein Opfer erscheinen. Vielmehr liegt im Vorgang retardierender Inkarnationskräfte auch eine Chance für die späteren Lebensjahre der Frau. Diese Chance wächst aus der Bereitschaft zum «Warten-Können», bis das ihr anvertraute Kind allmählich Selbständigkeit erringt und sie selbst frei wird für eine Entwicklung höherer Lebensfähigkeiten.

Hermann Poppelbaum stellt in seinem Buch *Mensch und Tier*[10] diesen Prozeß der Retardierung am Evolutionsvorgang von Mensch und Tier dar. Das Menschenwesen zeichnet sich gegenüber dem Tier dadurch aus, daß es seinen Leib viel sensibler ergreift. Die Zurückhaltung, die im Warten geübt wird, um nicht zu früh «fertig» zu werden, bereitet die Menschengestalt für höhere Fähigkeiten vor. Für diese muß sie länger formbar, plastisch bleiben. Fähigkeiten des Menschen übersteigen daher auch die Fertigkeiten des Tieres. Das Tier verfällt durch das zu frühe Fertig-Werden seiner Gestalt in Einseitigkeit und frühe Vergreisung, die ihm im Verlauf der Evolution den Zugang zur Menschwerdung verschlossen. Dieser Evolutionsvorgang ist verkürzt noch am Geburtsgeschehen zu beobachten. Sowohl die embryonale als auch die nachgeburtliche Entwicklung von Mensch und Tier zeigen diese Tatsachen. Das Jungtier «stürzt» in seinen Leib; es kann kurz nach der Geburt stehen und laufen, sich selbst ernähren und ähnliches. Das Kind braucht längere Zeit, um seinen Leib als Werkzeug ergreifen zu lernen.

Auf besondere Weise geht das weiblich-mütterliche Dasein durch den Vorgang der Retardierung. Wenn man Inkarnation so versteht, daß sie eine Menschwerdung bis zum physischen Tod beschreibt, dann nimmt die Frau und Mutter in der Zeit, da sie Kinder gebiert und aufzieht, ihre eigenen Inkarnationskräfte, die Energien ihrer stufen-

weisen Menschwerdung zurück. Sie spart zu gen-
winnende Fertigkeiten zugunsten von höheren
Fähigkeiten auf. Sie bewahrt sich eine erhöhte Pla-
stizität, eine vermehrte Elastizität ihrer Struktur,
die höhere Fähigkeiten aufzunehmen in der Lage
ist. Die Jahre des Verzichts haben ihr sozusagen
unter der Haut die Chance einer besonderen Reife
gegeben. Sie ist in gewisser Weise jung geblieben
gegenüber der Vergreisung früh fertig-gewordener
Menschen.

Es darf selbstverständlich nicht übersehen werden, daß für die Frau auch die Gefährdung eines
«Zu-Spät» eintreten kann. Eine lange Wartezeit
bedeutet nicht Untätigkeit; sie muß bewußt und
aktiv durchgehalten werden. Wird sie nicht *gestaltet*, kann die Frau sich vegetativ verziehen. Sie
bewahrheitet dann jenen fatalen Stempel-Auf-
druck, den ihr lächerliche Reklame-Kampagnen
aufprägen wollen: das Glück der Frauen hänge
einzig von der Güte der Wasch- und Puddingpul-
ver ab.

Die Verwandlung des Fisches

Keine zweite Lebensepoche innerhalb eines Men-
schenlebens ist selbstverständlich oder «natürlich»
gegeben. Sie will immer geistig aktiv erworben
werden. Im speziellen Fall der Frau, die sich als

«Freie» ergreift, kann es nicht einseitig geschehen. Der Mann muß die Frau, die im Prozeß einer gesteigerten Retardierung menschlicher Ausbildung «jung» geblieben ist – obgleich vielleicht äußerlich alt und reizlos geworden –, auf diesen besonderen Reifegrad ansprechen. Er muß den Zeugungsakt auf höherer Ebene herausfordern. Die Tatsache der besonderen Reifesituation der Frau ist noch kaum beachtet worden, weil diese Reife nicht äußerlich sichtbar erscheint. Sie wächst erst in die Sichtbarkeit, wenn sie gefordert wird.

Es handelt sich also nicht darum, daß die ältere Frau nun mit komischem Eifer alles Versäumte nachholt und in zeitverkehrte Lernprozesse taucht, was zumeist neben großer Zeitvergeudung auch in ihr angestaute Emotionen weckt. Vielmehr muß in einem solchen Fall die Fähigkeit zur Freiheit erwachen: nicht das Versäumte nachzuholen, sondern das noch nicht Erreichte – auch menschheitlich noch nicht Erreichte – einzuholen.

Die «Fraue» heißt die «Freie». Auch wenn die Bezeichnung «Freie» in alter Zeit nur einen bestimmten Stand innerhalb der Gesellschaft – im Sinne von «Herrin» – ausdrückt, will ich sie hier doch einmal wörtlich nehmen. Denn die Frau kann heute in erhöhtem Maß die Bedeutung der «Freien» ausfüllen. Unabhängig von einengender «Fertigkeit» kann sie nun frei für etwas Neues sein. Die geschmeidige und von Gewohnheiten befreite Jugendlichkeit ihrer Lebenskräfte erwartet neue

Erfüllung. Diese tut sich auf im «Überzeugungs-akt», in welchem der Mann sie geistig fordert. Er löst sie als Frau aus dem nur Gattungshaften her-aus, so daß die freie schöpferische Individualität in ihr geboren werden kann. Diese bringt infolge der langen Zurückhaltung und Zurücknahme des Ei-genwillens eine weitreichende Lebensreife mit, die sie zu Neuem befähigt. Eine überzeugende geistige Berührung mit den Problemen unserer Zeit über die Anregung des Mannes wird diese neue Fähig-keitsstufe erwachen lassen: diejenige zur geistig inaugurierten Alchemie der Nähe zu Menschen und Sachproblemen. Diese neue Alchemie bietet im Individuellen aus bewahrten, «jugendlichen» Lebenskräften eine wache Grundlage erhöhter Be-wußtheit. Sie wird auf andere Art berührungsoffen für die Sphäre des Geistes selbst, aus deren ge-träumter Nähe sie heraustreten mußte. Die Frau, die sich in dieser Beziehung mit sich selbst ver-ständigt, kann in der bezeichneten Richtung vorausgehen.

Selbstverständlich stellt jede Entwicklung einen individuellen Übungsschritt des Ich dar. Aber ebenso selbstverständlich bedarf diese Ich-Ent-scheidung des Hervor-Rufers. Dies ist wesentli-cher, als man gemeinhin bedenkt. Heute geschieht nichts Welt-Bewegendes mehr in mönchischer Klausur. Entwicklung in unserer Zeit wird viel-mehr vom Alltagsleben und einer gegenseitig sich verantwortenden Gemeinschaft impulsiert.

Mann und Frau – der Fischer und seine Frau – bilden eine solche Gemeinschaft. Sie fangen den Fisch im Meer der Begegnungen. Der Fisch – jener Butt des Märchens – taucht als Wesen der Lebensbildekräfte dieser Gemeinschaft aus dem gemeinsamen Begegnungsmeer herauf. Die Schöpfermächte sprechen durch ihn und werden in schöpferischer Nähe vernehmbar. Im alten Sinne spricht sich darin die wunscherfüllende Macht des Unbewußten (Unterbewußten) aus. Doch sie verwandelt sich im dem Maße, wie sich die Frau verwandelt – aufsteigend aus den Tiefen der gesetzlichen Welt in hellsehende, besonnene Bewußtheit. Jener die verschiedenen Gestalten der Welt versöhnende Fisch, geht durch diese Verwandlungen verjüngt, in der Gestalt Christi, des «Ichthys», *über das Wasser* – wie es die Jünger erlebten. Das «Meer» der Bildekräfte wird begehbar. Der Geist-Fähige versinkt nicht mehr in seinen unbewußten Grund. Die ätherische Welt zieht in diesem Vor-Bild ein Netz voller Augen an seine Oberflächen; das heißt, sie wird durch sich selbst wahrnehmbar. Nach durchlittener Distanz kann sich das Bewußtsein mit dieser ätherischen Wahrnehmung erwärmen. Und in der Wärme des so Geschauten schmilzt der totale Anspruch der Individualität. Diese erscheint nun nicht mehr abgeschlossen, sondern sie kann in ihrer ätherischen Offenheit und der Verletzbarkeit ihrer lebendigen Bildekräfte wahrgenommen werden. Eine neue, frei gebildete Alchemie der Nähe kann diese offene Verletzbarkeit unter den Menschen wieder schützen, da sie mit den Substanzen der Bildekräfte schöpferisch umgeht und so ätherisch ernährt. Dieser Nähe eines substanzverwandelnden Austausches in gedanklichen und dinglichen Prozessen ist der versöhnende *Dritte* verbunden. Er hat seine gesteigerte Nähe denjenigen verheißen, die ätherisch-hellsehende, besonnene Bewußtheit errungen haben. So gibt christliche Verwandlungsnähe allen Gesetzen die erfüllende Freiheit.

Geliehenes Dasein –
gesteigertes Leben.
Die Frau und ihre Biographie

Im Licht- und Schattenwurf des Mannes

Die biographische Lebensfigur eines Frauen-Daseins stand in alten Zeiten – kaum vorhanden – im Schatten des Mannes. Der Mann, indem er die Frau erwählte, zog sie in seine eigene Biographie hinein. Von wenigen Ausnahmen abgesehen, die die Regel bestätigen, spielte sich das Leben der Frau im Rahmen eines «geliehenen Daseins» ab. Dieser Ausdruck vom geliehenen Dasein spiegelt exakt die Situation ihres Lebens. Er eröffnet eine weitreichende Sinn-Palette: vom Leih-Dasein in dienender Funktion bis zum geborgten Glanz, der vom berühmten Mann an ihrer Seite auf sie selbst fiel. Er war die Sonne, sie der Mond. So beschienen besaß das weibliche Dasein eine scheinhafte, keine vom eigenen «Sein» bedingte Biographie. Jeder Schein aber verleiht Schönheit – im umfassenderen Sinn; denn auch das Dienen überstrahlt der Schein einer bestimmten Schönheit. Die Frau genoß daher in Zeiten alter Kulturen ein «schönes», aber biographieloses Ansehen.

Der Frau als solcher – nicht der einzelnen – wurde in diesen Zeiten ehrfürchtige Achtung erwiesen. Sie wurde als die Auserwählte erlebt, die das Leben weiterträgt – im Auftrag der Gottheit. Ihre diesbezügliche Schönheit war scheinhaft: Sie erschien im Schein des Kosmos. Je höher eine Kultur stand, desto mehr wurde dieses «scheinhafte» Dasein anerkannt, so in der griechischen Hochkultur. Aber auch im alten Ägypten genoß die Symbolfigur der Frau höchste Ehrerbietung. Diese Achtungserweisung der Frau gegenüber vollzog sich daher im alten Sozialverständnis auf einer anderen als der irdischen Ebene. Die «Schöne» – und das war sicher nicht eine Frau der unteren Klassen – vermittelte nämlich etwas, das wie der Glanz des Göttlichen erlebt wurde. Ihre Schönheit war mehr göttlicher, weniger irdischer Natur. Die schöne Frau offenbarte also wieder ein nur «geliehenes Eigentum». Auch in diesem Sinne diente sie dem Mann zur Zierde – solange der göttlich verliehene Schein, ihre Schönheit, anhielt. Erlosch dieser, war auch das Dasein der Frau ausgelöscht. Auch heute klingt dieser Tatbestand in so mancher Vorstellung nach, indem gelegentlich von der Frau jener dekorative, scheinhafte Lebensstil erwartet wird, der ihrer ins Menschlich-Individuelle gehenden Entwicklung zuwiderläuft.

Die Geschichte des Frauendaseins in der menschlichen Gesellschaft hat sich im Zuge der Bewußtseinsentwicklung natürlich mitverwandelt.

In dem Maße, wie die Frau Bewußtsein von sich und ihrer Lage errang, infolgedessen auch das «Nur-Gattungshafte» abstieß und ihr Wesen menschheitlich erweiterte und damit sich auch anders betätigte, begann sie sogleich wider den Stachel ihrer Unterlegenheit zu löcken. Sie blickte zunächst allein auf ihre Schwäche, die sich in ihrer sozialen Stellung niederschlug. So forderte sie für die soziale Stellung der Frau Gleichberechtigung. Das brachte sie in eine Lage, in der ihre eigene frauliche Stärke verloren zu gehen drohte. Stärke liegt nämlich auch in den anders gearteten Voraussetzungen der Frau. Die Biographie eines Menschen, der nicht mehr nur Gattungswesen sein will, muß aber nicht gleichermaßen jene besonderen Werte verlieren, die ihm zugleich mit dieser Gattungshaftigkeit aufgetragen sind.

Noch im 18. Jahrhundert war es für eine Frau schwierig, eine eigene Biographie zu entwerfen und zu leben. Einige durch sich selbst bedeutende Frauen, vor allem Bettina von Arnim, haben es versucht; andere erlebten nur eine Schwellensituation, vor der sie zurückschreckten. Symptomatisch für die Bewältigung dieser Schwellensituation ist jedoch das Leben der *Charlotte von Kalb* (1761-1843). Sie war die Freundin der hervorragendsten Männer der deutschen Klassik. Sie kannte Schiller, Goethe, Hölderlin, Herder, Fichte, Jean Paul und andere. Sie alle suchten ihre Nähe, umwarben sie und ließen sich von ihr inspirieren. Damit warfen sie zugleich das Licht ihrer Bedeutung auf das Dasein dieser Frau. Die Bezeichnung «geliehenes Dasein» findet daher besonders in der Lebenssituation der Charlotte von Kalb reiche Bestätigung. Ein vielseitiger Briefwechsel zeugt von ihren Beziehungen zu berühmten Dichtern und Denkern. Den größten Teil dieser Briefe hat sie verbrannt. Dieses Autodafé wurde ihr später oft vorgeworfen. Sie habe die Wirklichkeit nicht sehen wollen, die sehr engen Beziehungen zu Schiller, Jean Paul, zu Johannes Erichson beschweigen wollen, um sich als verheiratete Frau nicht bloßzustellen. Und doch hat gerade dieser Versuch, die Dokumente ihrer Liebe auszulöschen, die die geistige Beziehung hätten verdecken können, ihren eigenen biographischen Willen zum Ausdruck gebracht. Sie wollte eine höhere Schicksalsbeziehung zu dem befreundeten Menschen aufdecken, welche die Einseitigkeit eines nur geliehenen Daseins aufhebt. Sie versuchte, die Wirklichkeit poetisierend zu *schaffen* und nicht diese als Faktum purer Leidenschaftlichkeit abzubilden – was in ihren Augen der Wahrheit nicht entsprach. Es war ein Versuch, *Biographie zu entdecken*, die aus den Wurzeln einer tieferen menschlichen Beziehung wächst. Damit stand Charlotte von Kalb auf der Grenze zu einem neuen Selbstbewußtsein als Frau, nicht um einer zuletzt doch fadenscheinigen Gleichberechtigung willen, sondern um ein «gesteigertes Leben» zu gewinnen. Diese Verwandlung des geliehenen Daseins in ein gesteigertes Leben vollzog sie im persönlichen Glutofen furchtbarer Leiden. Sie stand diese jeweils in Rückbesinnung auf sich selbst durch. Dadurch stärkte sie sich und sprengte durch ihren gestärkten, von einem «Felsen-Ich» geleiteten Willen die Grenzen eines damals üblichen Frauendaseins in einer vom Männerdenken beherrschten Gesellschaft. Dieser Wille blieb aber bei aller Stärke weiblich tingiert. So vermochte er sich jeweils an männliche Entwürfe seelisch-geistig anzuschmiegen. Charlotte von Kalb war als Freundin vieler bedeutender Männer diesen zeitweilig unentbehrlich. Sie begleitete diese selbständig jeweils auf deren besonderem Feld. Mit Schiller lebte sie einen feurigen Idealismus; an Goethe übte sie die schöpferische Phantasie; Hölderlin begriff sie in seinem griechischen Harmonie- und Schönheitsverlangen; Jean Pauls Neigung zur Psychologie vermochte sie zu begleiten; Fichtes Ideen von Freiheit und Menschlichkeit, Humboldts Erziehungsideale begeisterten sie, und der Fichte-Sohn Immanuel Hermann schließlich, der 35 Jahre jünger war als sie, wurde der geistige Führer ihres Alters. Dieser Lebensverlauf blieb weiblich bestimmt. Er beschreibt dennoch in und mit seinen weiblich tingierten Attributen eine stark vom individuellen Eigentum geprägte Biographie.

Charlotte, Marschalk von Ostheim, wird 1761 auf Gut Waltershausen in Unterfranken, in einem kleinen Landschloß, das auf den Grundfesten einer alten Burg steht, geboren.[11] Ihre Geburt wird von Todesahnungen überschattet. Ein Jahr zuvor war nämlich der erste Sohn der Ostheims in der Geburtsstunde des zweiten gestorben. Nun fürchtet die Mutter, ein totes Kind oder – was für sie fast ebenso schlimm ist – ein Mädchen zu gebären. Dieses Mädchen ist Charlotte. «Du solltest nicht da sein», begrüßt sie die Mutter. Und weil sie diesen Satz mehrfach wiederholt, glaubt der kleine Bruder, daß dies ihr Name sei; «Dasein» nennt er sie. Charlotte ist ein unerwünschtes Kind; dieser Eindruck prägt sich tief in ihre Seele ein. Er verstärkt sich noch, als sie die Eltern früh verliert. Der Vater stirbt 1768, die Mutter ein halbes Jahr später. Die Waise wird bei Verwandten herumgereicht. Sie ist auch dort überall unerwünscht. Diese existentielle Grunderfahrung bestimmt ihr Bewußtsein. Sie ist kein unbefangenes Kind. Sie spielt nicht; sie träumt und liest viel; sie denkt nach. Dies alles verstärkt ihr Innenleben. Ihre kräftige Phantasie schafft sich poetische Gestalten, die wie eine reiche Geisterwelt den Innenraum ihrer Seele bevölkern. Hier fühlt sie sich zu Hause;

die Außenwelt scheint ihr feindlich gesonnen. Bald wird sie mit dem Offizier Heinrich von Kalb verheiratet. Der ungeliebte Mann bleibt ihr jedoch lebenslang «in tiefster Wesenheit geschieden». Sie wird Muttter von vier Kindern, von zwei Söhnen und zwei Töchtern. Die erste Tochter stirbt gleich nach der Geburt. Die Geschichte dieser Ehe bewegt sich zwischen Binden und Lösen. Sie ist tragisch auf allen Gebieten und wird auch Anlaß zur finanziellen Verarmung dieser Frau im Alter. Sie ergibt aber auch die Plattform eines ungewöhnlichen Leidens und Liebens, das Charlotte berühmt gemacht hat.

Eine bedeutsame Wendung nimmt dieses Leben in Mannheim, wohin das Ehepaar Kalb, nach einer kurzen Lebensphase in Bayreuth zieht. In Mannheim lernt Charlotte Friedrich Schiller kennen. Die dramatische Figur dieser Liebe, soweit sie in unzähligen Briefen niedergelegt war, hat Charlotte dem Feuer übergeben. Sie hat mit den Briefen alle Erinnerung verbrannt. Aber auch dem Feuer der Leiden ist diese Liebe ausgesetzt. Schiller dagegen vermag sie in dramatischer Gestaltung zu poetisieren und damit zu objektivieren. Im *Don Carlos* lebt sie weiter. Die leidenschaftliche Liebe zwischen der Königin und Don Carlos – in wenigen Zügen auch bezogen auf die Eboli – spiegelt die Beziehung von Charlotte von Kalb und Schiller wieder. Mit diesem Drama löste sich der Dichter von seiner Liebe, so als wäre sie ganz in die Dichtung

Charlotte von Kalb (Ölbild von J. F. A. Tischbein)

eingegangen. Zunächst aber wird er von Charlotte gefördert. «Sie trugen das Schicksal meines Geistes an Ihrem freundschaftlichen Herzen und ehrten in mir ein unentwickeltes, noch mit dem Stoff ringendes Talent», so schreibt ihr Schiller später, als ihre Beziehung beendet war. Charlotte nimmt innigen Anteil an seinen Werken und öffnet ihm alle Tore ihrer gesellschaftlichen Beziehungen. Eines Tages aber hält Schiller «Menschen, Verhältnisse, Erdreich und Himmel» in Mannheim nicht mehr aus. Er beschließt abzureisen. Charlotte begreift diesen Entschluß nicht und macht ihm eine heftige Szene, die ihn bestürzt.

In der Zwischenzeit hat ihr Schwager, der Präsident von Kalb, aus Sparsamkeitsgründen ihren Umzug nach Kalbsrieth/Thüringen in den Stammsitz der Kalbschen Familie, beschlossen. (Dieser Schwager spielt eine üble Rolle im Leben von Charlotte. Er bringt im Laufe der Zeit ihr gesamtes Vermögen durch und macht sie in ihren späteren Jahren mittellos.) Von Kalbsrieth aus kann Charlotte des öfteren Weimar besuchen. Diese Hochburg des geistigen Lebens verhilft ihr zu reicher Entfaltung. Sie lernt Goethe kennen und verehren. Mit ihm begegnet sie zugleich dem gesamten Weimarer Kreis. In dieser Runde trifft sie 1787 auch wieder Schiller. Die Beziehung verdichtet sich erneut und reift zu einem Lebensplan heran. Charlotte will sich scheiden lassen. Aber Schiller zieht ihr schließlich eine andere, weniger anspruchsvolle

Charlotte (von Lengefeld) vor. Als er diese dann, ohne seine alte Freundin darauf vorzubereiten, heiratet, stürzt Charlotte von Kalb in Abgründe. Eine eigentümlich resignative Lähmung beschleicht sie, die sich auch körperlich äußert. Sie zieht sich zunächst von allem zurück, und in den abschließend-schützenden Mauern dieses Rückzuges vollzieht sich allmählich eine Läuterung. Sie wird reif für die Freundschaften mit Goethe, Herder, Fichte, Hölderlin.

Zunächst aber wird der Rückzug manifest durch ihren Umzug nach Waltershausen, ihrem Geburtsort, wo sie sich «lebendig begraben» fühlt, auch wenn sich hier vorübergehend wiederum ein kleines Tor zur Welt der Dichtung durch Friedrich Hölderlin öffnet. Auf Schillers Empfehlung lebt Hölderlin für kurze Zeit als Erzieher und Hauslehrer ihres Sohnes Fritz in Waltershausen. Er scheitert aber an dieser Aufgabe; Fritz ist ein sehr schwieriges Kind. Die Gespräche mit dem Dichter, der an seinem *Hyperion* arbeitet, sind jedoch für Charlotte in diesem Jahr 1794 ein Labsal. Hölderlin äußert sich in seinen Briefen immer lobend über Charlotte von Kalb, immer aber auch ohne persönliche Wärme. Er verläßt Waltershausen bald wieder. Charlotte bleibt ihm geistig verbunden. Sie liest seine Schriften und Gedichte noch im hohen Alter und erkundigt sich immer wieder nach ihm, der bald danach im Turm zu Tübingen, vom Leben abgehoben, dahinträumt. Sie schreibt einmal (in einem Brief an Jean Paul): «Sein (Hölderlins) Geist hat eine Höhe erstiegen, die nur ein *Seher*, ein von Gott belebter, haben kann.» Hölderlin stirbt nur einen Monat nach Charlottes Tod.

In den Jahren 1794-1796 hält sich Charlotte von Kalb größtenteils in Jena und Weimar auf. Goethe hält sie dort. Es ist eine hohe Zeit, in der sie Rahel Varnhagen, Bettina von Arnim, Heinrich von Kleist, Johann Gottlieb Fichte und schließlich auch Jean Paul (Richter) kennenlernt. Sie erlebt die Annäherung Schillers an Goethe, die Unglücksstunde Hölderlins, den Goethe übersieht; sie erlebt aber vor allem einen vollmächtigen Goethe, der ihren anregenden Geist – nicht aber ihr Herz – zu gewinnen sucht. Es sind einige Briefe erhalten, in denen sie sein *Märchen* bewundert und deutet. Diese poetisierende, imaginative Sprache versteht sie auf ihre intuitive Art unmittelbar. Sie antwortet darauf originell und anregend. Goethe ist von ihrer Reaktion entzückt. Charlotte erlebt in Goethe den «Geist, der am hellsten die Welt erblickt und ausspricht».

Mit Jean Paul tritt wieder eine tiefe Schicksalsbeziehung in ihr Leben, die Himmel und Hölle zugleich beschwört. Als Charlotte die Schrift *Hesperus* von Jean Paul liest, die in aller Munde ist, ruft sie ihn nach Weimar. Die darauf folgende persönliche Begegnung bleibt aber nicht literarisch. Sie erweckt wieder eine leidenschaftliche Liebe, die ihr zur Prüfung wird. Jean Paul erwidert diese zwar, er ist aber nicht gewillt, sie zu halten. «Sie hat zwei große Dinge, große Augen, wie ich noch keine sah, und eine große Seele…Sie ist ein Weib, wie keines, mit einem allmächtigen Herzen, mit einem Felsen-Ich», so schreibt Jean Paul an einen Freund. Auch er verdichtet die Essenz seiner Beziehung zu Charlotte in ein Kunstwerk, schöpft diese große, liebende Seele aus – und legt sie ab. Sein Roman *Titan* schildert diese Liebe. In der Titanide Linda ist unschwer Charlotte zu erkennen, zwar nicht in ihrem umfassenden Wesen, sondern vereinseitigt durch die spezifische Brille Jean Pauls. Indem er sich dieses Stoffes entledigt, wird er auch frei von Charlotte. Er heiratet – wie Schiller – eine weniger anspruchsvolle, weniger unbequeme Frau. Wieder wird Charlotte in seinen Entschluß nicht mit einbezogen. Sie wird vor vollendete Tatsachen gestellt, obgleich sie wieder ihre Scheidung beantragen wollte. In dieser Zeit erlebt eine andere Charlotte ein ähnliches Schicksal. Goethe hat sich von Charlotte von Stein zurückgezogen. Gelegentlich eines Treffens bei Goethes Charlotte ruft Charlotte von Kalb aus, nachdem sie erfährt, daß Goethe sie nicht mehr besucht: «Welch eine Härte!»

Um das Jahr 1800 tritt die schon erwähnte Lebenskatastrophe ein. Charlotte verliert durch Manipulationen ihres Schwagers ihr gesamtes Vermögen. Sie beginnt nun auf phantastische Weise, sich ihren Lebensunterhalt selbst zu verdienen. Sie kauft und verkauft alles, was ihr «unterkommt»: Stoffe, Spitzen, Handarbeiten und vieles andere mehr. Sie wird Handelsfrau mit mehr oder weniger – zumeist aber weniger – Geschick.

Weimar schenkt ihr aber noch eine andere Begegnung, die ihr bis ans Ende ihres Lebens erhalten bleibt. Eine Zeitlang wohnt sie mit «Fichtes» unter einem Dach, nur durch eine Brandmauer getrennt. Aus dieser Nähe erwächst eine Freundschaft mit dem Professor, dessen Werke sie liest und in der Kritik verfolgt. Sie pflegt vor allem die Beziehung zu Fichtes großartiger Frau Johanna. Diese Freundschaft überträgt sich auf deren Sohn, Immanuel Hermann Fichte, der ihr bis zu ihrem Lebensende eine briefliche Treue hält.

Im Juli 1804 fährt Charlotte von Kalb mit ihrer Tochter Edda, die Hoffräulein bei der preußischen Prinzessin Wilhelmine ist, nach Berlin. Hier bleibt sie, mit wenigen Unterbrechungen, bis zu ihrem Tod im Jahre 1843. Der Zerfall ihrer Familie ist nicht mehr aufzuhalten. 1806, ein Jahr nach Schillers Tod, nimmt sich Heinrich von Kalb das Leben. Sein jüngster Sohn August erschießt sich 1825, einunddreißig Jahre alt.

Charlotte lebt in Berlin in ärmlichen Verhältnissen, in Räumen des Schlosses, die dem Hoffräulein Edda von Kalb zustehen. Noch einmal erlebt sie eine hohe Zeit, trotz Armut und allmählicher Erblindung. Ihr Geistesreichtum, ihre Belesenheit, ihre Anpassungsfähigkeit machen sie wieder zum

Mittelpunkt verschiedener literarischer Zirkel. Und noch einmal bewegt sie eine persönliche Bindung zu Johannes Erichson, Professor für Ästhetik und Philosophie in Greifswald. Aber auch diese Verbindung ist von vornherein zum Scheitern verurteilt. Er begehrt im Grunde nur ihre berühmte Vergangenheit, ihr «geliehenes Dasein»; sie aber will seine Gegenwart.

Charlotte erblindet nun vollkommen. Sie wird einsam. Immer weniger kann sie bloßes Geschwätz ertragen. Angemessene Geistes-Partner findet sie kaum noch. Eine Ausnahme bilden der Briefwechsel mit Immanuel Hermann Fichte und einige Begegnungen mit ihm. Dieser Briefwechsel erhellt ihr Alter. In dieser Zeit ist sie darauf angewiesen, daß ihr vorgelesen wird. Die Blinde nimmt jedoch, im Zuhören gleichsam sehend geworden, alle Werke der neueren Literatur und Philosophie mit verstärktem Bewußtsein auf. Erstaunlich vielseitig ist die Liste der Werke, die sie kennt und immer neu kennenlernt. Darunter auch Goethes *Faust*, dem sie – trotz größter Ratlosigkeit ihrer Umgebung – einen besonders hohen Wert zuerkennt. Sie sucht und bedenkt vor allem, was ihr Hermann Fichte über seinen «Spekulativen Theismus» schreibt. Die Briefe, mit denen sie dem Fichte-Sohn antwortet, sind bemerkenswert. Sie vermag sich auf seine besondere Geistesart so einzustellen, daß sie auch für Fichte unentbehrlich wird. Aber auch sie selbst will schöpferisch werden. Sie versucht sich auf allen möglichen literarischen Gebieten. Ihre Neigung zur mystischen Philosophie und Theosophie Jakob Böhmes, ihre persönliche Begegnung mit Franz von Baader führen sie zu Saint-Martin. Sie übersetzt in freier, sinngemäßer Weise dessen Werk *L'Homme de Désir*. Mehrere Jahre schreibt sie an einer Biographie der Heiligen Therese von Avila, die ihr zu einer Traumbiographie gelingt, wie sie glaubt. Leider ist sie verschollen. Hermann Fichte drängt sie immer erneut, ihre reichen Erinnerungen niederzuschreiben. Sie tut es zunächst widerwillig. Ihre Seele sucht Poesie. Auch aus ihrer Biographie will sie eine Dichtung machen, eine Novelle oder ein Gedicht; aber keine schlichte, lebensgetreue Beschreibung, wie es ihr der Fichte-Sohn rät.

Gegenüber diesen Dichtungsversuchen sind ihre Briefe angefüllt mit Aktualität. Sie nimmt teil am Tod der Caroline von Günderode, an dem des Hölderlin-Freundes Isaak von Sinclair. Sie begleitet mit vollem Herzen alles, was politisch und philosophisch zu ihrer Zeit geschieht. Und immer wieder stellt sie die Frage nach der Stellung der Frau, nach ihren Aufgaben, nach ihren Beziehungen zum Mann, die sie anders begreifen wollte als beispielsweise Bettina von Arnim.

Ihren literarischen Versuchen war kein Erfolg beschieden. Zuviel Erdichtetes, Erträumtes verstellte den Ausblick auf ihr wahres Anliegen. «Über das innere werde ich treuer sein können als

Charlotte von Kalb auf dem Totenbett
(Zeichnung von H. Paul)

über das äußere Leben… So muß es Dichtung werden», schreibt sie an Hermann Fichte (29. Dezember 1831).

Charlotte von Kalb stirbt 1843 arm, blind, einsam, doch erfüllt von seelisch-geistigen Kräften, die sie bis zum Ende nicht verlassen haben. Ein «gesteigertes Leben», das individuelle, ihr wesentlich eigene Leben hat das nur «geliehene Dasein» überwunden.

Jede Individualität gewinnt Ausdruck in einer eigenen Biographie. Diese stellt aber nicht nur das nach außen gewendete Bild eines in sich eigentümlichen Wesens dar, sondern sie offenbart Züge eines auf Wiederverkörperung angelegten Menschen-Ich. Sie kann deshalb auch nicht als eine rein äußerliche Zusammenstellung von Lebensereignissen aufgefaßt werden; sie sollte vielmehr die Frage nach dem geistigen Grund dieses Ich, nach Sinn und Wesenszusammenhängen seines Lebens aufdecken. «Als geistiger Mensch habe ich meine eigene Gestalt, wie ich meine eigene Biographie habe», schreibt Rudolf Steiner im dritten Kapitel seiner *Theosophie* über «Wiederkörperung des Geistes und Schicksal». Die Biographie eines Menschen wird also von seiner geistigen Ich-Gestalt geführt. Als solche ist sie Ausdruck aktiven Lebens und nicht passiven Gelebt-Werdens. Das nur geliehene Dasein einer Frau kann im strengen Sinn nicht biographischer Natur sein. Steiner schreibt im selben Zusammenhang: «Wäre der Mensch bloßes Gattungswesen, so könnte es keine Biographie geben.»

In seiner *Philosophie der Freiheit* behandelt er dieses Thema ausführlicher: «Kein Mensch ist vollständig Gattung, keiner ganz Individualität»…«Es ist unmöglich, einen Menschen ganz zu verstehen, wenn man seiner Beurteilung einen Gattungsbegriff zugrunde legt. Am hartnäckigsten im Beurteilen nach der Gattung ist man da, wo es sich um das Geschlecht des Menschen handelt. Der Mann sieht im Weibe, das Weib in dem Manne fast immer zuviel von dem allgemeinen Charakter des anderen Geschlechtes und zu wenig von dem Individuellen. Im praktischen Leben schadet das den Männern weniger als den Frauen. Die soziale Stellung der Frau ist zumeist deshalb eine so unwürdige, weil sie in vielen Punkten, wo sie es sein sollte, nicht bedingt ist durch die individuellen Eigentümlichkeiten der einzelnen Frau, sondern durch die allgemeinen Vorstellungen, die man sich von der natürlichen Aufgabe und den Bedürfnissen des Weibes macht. Die Betätigung des Mannes im Leben richtet sich nach dessen individuellen Fähigkeiten und Neigungen, die des Weibes soll ausschließlich durch den Umstand bedingt sein, daß es eben Weib ist. Das Weib soll der Sklave des Gattungsmäßigen, des Allgemein-Weiblichen sein. Solange von Männern darüber diskutiert wird, ob die Frau ‹ihrer Naturanlage nach› zu diesem oder jenem Beruf tauge, solange kann die sogenannte Frauenfrage aus ihrem elementarsten Stadium nicht herauskommen. Was die Frau ihrer Natur nach wollen kann, das überlasse man der Frau zu beurteilen. Wenn es wahr ist, daß die Frauen nur zu dem Berufe taugen, der ihnen jetzt zukommt, dann werden sie aus sich selbst heraus kaum einen anderen erreichen. Sie müssen es aber selbst entscheiden können, was ihrer Natur gemäß ist.»

Das Gattungshafte kann also die *Freiheit* des individuellen Menschen nicht einschränken. Wenn sie es dennoch tut, ist die Individualität zu schwach. Vielmehr sollte das Gattungswesen dem Menschen «nur als Mittel dienen, um seine besondere Wesenheit in ihm auszudrücken. Er gebraucht die ihm von der Natur mitgegebenen Eigentümlichkeiten als Grundlage und gibt ihnen die seinem eigenen Wesen gemäße Form.»[12]

Die Tatsache, daß die Individualität auch im Gattungshaften Mittel finden kann, durch welche sie sich wesentlich äußern kann, gibt die Blickrichtung frei, auch im Frauen-Dasein selbst eine geistig-biographische Gestalt erkennen zu können. Die Erfahrungen, die der Mensch in einem Frauenleben machen kann und muß, sind so bedeutsam, daß nur aus diesen selbst (von der Frau) gesprochen werden kann und nicht über diese (vom Mann). So sind Bücher über dieses Thema, von Frauen geschrieben, weiterführender als andere – wenngleich ich glaube, daß die Problematik größtenteils noch an falschen Punkten angepackt wird.

Neue Verbindlichkeit reift aber heran, wenn in dieser Frage die Idee von *Reinkarnation und Karma* ergriffen wird. Die Individualität des Menschen verkörpert sich – nach Darstellungen Rudolf Steiners – wechselweise: Einmal ergreift sie das Kleid der Frau, ein andermal die Rüstung des Mannes. Die Erfahrungen an und mit der Leiblichkeit sind somit jeweils andere, die Mittel zur Ausdrucksfähigkeit ebenso. Diese Ausdrucksmöglichkeiten aber nicht annehmen zu wollen, sie zu mißachten hieße doch wohl, aus dem höheren Inkarnationswillen zu desertieren. Und als Desertion empfinde ich vieles, was manche Frau sich heute unter Mißachtung ihrer besonderen Befähigung und Berufung «emanzipatorisch» zu erkämpfen trachtet. Ein Mensch, der sich als weiblicher inkarniert, hat diese «Hüllennatur» in einem höheren Sinn auch gewollt. Was geschieht aber mit dem weiblichen Kleid, wenn es im Kampf gegen das andere Geschlecht demontiert wird? Diese Frage, vor dem Hintergrund der Reinkarnationsidee gestellt, kann selbstverständlich nicht rasch und verallgemeinernd beantwortet werden. Doch bleibt sie als Vorwurf – als Vor-Entwurf – für das nächste Leben bestehen.

Jede physisch-sinnliche Fähigkeit, die im Leben erlernt und geübt wird, ist Vorbereitung für eine geistige. In diesem Sinn sind weiblich tingierte Fähigkeiten zur Mütterlichkeit, die eine Alchemie der Nähe und Liebe, der Hingabe, der tragenden Geduld, des Umhüllens und des Leidens umfassen, als Vorbereitung auch im übertragenen Sinn zu verstehen. Sie lösen sich aus dem Nur-Gattungshaften

heraus, wenn sie zu Bewußtseins- und Erkenntnis-
kräften verwandelt werden. Denn geistige Erkenntnis bedarf der besondern Fähigkeit zu
Hingabe und Geduld. «Erkenntnis ist Hingabe an
das Universum in Gedanken», so formuliert Rudolf Steiner in seinem «Credo».[13] Wie anders könnte die Frau von der ihr zu Unrecht zugemuteten
Bedeutungslosigkeit «genesen»? Doch nur durch
eigene und nicht infolge einer Desertion durch ge-
borgte Mittel. «Das Menschlich-Gattungsmäßige
ist, vom Menschen richtig erlebt, nichts seine Freiheit Einschränkendes, und das soll es auch nicht
durch künstliche Veranstaltung sein», schreibt
Rudolf Steiner im bereits zitierten Kapitel seiner
Philosophie der Freiheit. In den weiblichen Tugenden
drückt sich ein Instrumentarium aus, das ein wei-
tes Feld des Lernens durch Leiden umfaßt. Die
Wege der Frau werden zumeist nicht durch äußere
Siege gekrönt. Ihnen sind Übungen an Niederla-
gen, Verlust und Leiden so eingeschrieben, daß
niemand diese Wege gehen kann, ohne *wesentlich*
daran zu genesen.

Noch immer ist unsere Welt größtenteils von
sogenannten «männlichen» Zielvorstellungen geprägt. Der Mann muß «Held» sein; er muß
siegen und sich im Siegen beweisen. Verlust bedeutet Schwäche. Wie anders sähe diese Welt aus,
wenn ein Bewußtsein für anders geartete und ge-
übte Fähigkeiten erwachte, wenn Fähigkeiten, im
weiblichen Dasein geübt, transparent würden für

das Geheimnis ihres Hintergrundes: Hingabe, geduldende Tragfähigkeit und Entbindungskraft sind Vorbedingungen für geistige Erkenntnis.

Die Biographie der Charlotte von Kalb trägt Züge dieser Verwandlung. Sie ist nicht beispielhaft in jeder Beziehung, jedoch in einer wesentlichen. Charlotte hat den Verlust ihrer «Existenz» in vielfacher Hinsicht nach außen kaum beklagt. Sie hat ihm vielmehr den Gewinn eines gesteigerten Lebens abgerungen. In einem Brief an Immanuel Hermann Fichte schrieb sie (am 21. November 1831): «Das Denken ist hienieden die Befreiung, wird es jenseits des Lebens auch sein.»[14] Wenig später antwortete Hermann Fichte (am 29. November 1831): «Das tiefste Geheimnis der Philosophie und die letzte Lösung wäre es nämlich, den Tod zu verstehen, das heißt die Bedeutung der Korporation der Seele; und darüber noch mit Ihnen zu sprechen, trage ich inniges Verlangen. Aber nur mit Ihnen; denn gerade hier rächt sich am meisten die Profanation durch bitteres Mißverstehen.»

Der Fichte-Sohn schrieb zu dieser Zeit an seinem Werk: *Die Idee der Persönlichkeit und der individuellen Fortdauer,* das in seinen Grundgedanken Steiners Idee von Reinkarnation und Karma vorbereitet. Daß Fichte die über siebzigjährige Charlotte in Gedanken mit solcher Tragweite einzubeziehen vermochte, offenbart die seelisch-geistige Entbindungskraft dieser Frau. Die im hohen Alter

Erblindete gab sich geistig sehend ein neues Leben.

Nelly Sachs, Schwester im Leiden, kannte das Geheimnis:

> ...und das
> Licht
> im schwarzumrätselten Lauf
> der einsamsten Stunde
> wurde ein Auge
> und sah.

Die Frau mit dem blauen Gesicht.
Über die Gegenseitigkeit
von Individualität und Schönheit

*«Der Himmel übt an dir Zerbrechen.
Du bist in der Gnade.»*

Die ungemein diskrepante Erfahrung von Zerbrechen und Gnade – so sehr wir auch den Zusammenhang erahnen können – ist nicht von dieser Welt; jedenfalls nicht, insoweit diese konstituiert, fest eingerichtet ist. Das Dichterwort ist indessen berufen, Zukunft zu gestalten, eine Zukunft, die «Sinn» hat. Anders bliebe das Wort unausgefüllt. *Nelly Sachs*, aus deren Gedichtzyklus *Flucht und Verwandlung* das einleitende Motiv stammt, ist eine von jenen bedeutenden Frauen, die mit Wucht und Konsequenz das gegenwärtige Zeitenschicksal erfahren und poetisch umgesetzt haben. Sie bewegt in Gemeinsamkeit mit vielen anderen ihre Zeitgenossenschaft in der Weise, daß sich die Weltgestalt für den Menschen weiterführend öffnet in eine Erfahrenswelt voll ungeahnter Möglichkeiten. Mit den Bewußtseinsaugen einer Frau schaut sie auf Prüfungen und Gnaden dieser Epoche, die durch Umschwünge gekennzeichnet ist und in welcher die Frau vermehrt mit den Mitteln ihres spezifischen Wesens hervortreten muß.

Rudolf Steiner bezeichnet die Gegenwart als «Zeit schwerer Prüfungen der Menschheit, – schwerer Prüfungen, die noch immer schwerer werden müssen. Wir leben in einer Zeit, in der eine ganze Summe von alten Zivilisationsformen, an denen die Menschen irrtümlicherweise noch hängen, in den Abgrund versinken wird, an denen stark die Forderung auftreten wird, daß die Menschen sich an Neues heranfinden müssen.»[15] – Neues im umfassenden Sinn kann in der Gegenwart nicht ohne Mitwirkung der Frau entwickelt werden. Denn die Menschen sind heute aller Einseitigkeit müde. Es bedarf einer tiefgreifenderen Anschauung ihrer Notlage. Das weibliche Wesen und Bewußtsein beruht menschenkundlich auf anderen seelischen Grundlagen als das männliche; es hat, menschheitlich gesehen, eine andere Entwicklung durchgemacht. Der Weg der Frau zur gültigen Erfüllung ihres individuellen Selbstes führt über Entfaltungsstufen, die ein anderes, breiteres Panorama in die menschliche Urteilsfähigkeit einbringen. Rudolf Steiner hat immer wieder darauf geachtet, daß aus diesen Gründen in allen Entscheidungsgremien Frauen paritätisch eingebunden werden sollten, und er hat selbst für «eine gewisse Parität des weiblichen und männlichen Geistes innerhalb des Vorstandes» der Anthroposophischen Gesellschaft gesorgt.[16] Diese Einrichtung droht heute schon wieder verloren zu gehen zugunsten alter Zivilisationsformen, die allein von Männern bestimmt werden.

Die Frau hat als Gegenpol und Partnerin des Mannes Phasen unterschiedlicher Formen ihrer Begleitung durchschritten. Solche komplexen Lebenszusammenhänge werden seit jeher durch künstlerische Aussagen in umfassendere Perspektiven erhoben, an denen die Wandlungen des Verhältnisses zwischen Mann und Frau symptomatisch erkennbar werden.

Maler und Modell

Gestalt und Antlitz der Frau sind von altersher Motive der Malerei. Die Frau ist gewissermaßen *sujet par excellence*, wenn Malerei sich selbst zum Thema macht, wenn der Künstler über Schönheit spricht. Die Schönheit der Madonna, eines rätselhaften Lächelns, eines traumverlorenen Antlitzes oder schließlich die Schönheit des weiblichen Aktes, der hinter dem Schleier reiner Selbstvergessenheit das Geheimnis hervorbringender Schönheit vergegenwärtigt – diese Formen des Schönen vermitteln ein eher kosmisches als irdisches Erlebnis. In solchen Darstellungen liegt für die Frau nichts Entwürdigendes. Ihr Wesen bleibt geschützt durch Distanz schaffende, gewissermaßen übernatürliche *Abwesenheit*. Die Individualität erscheint nicht exponiert; sie wird in dieser Weise gar nicht erfragt. Wie aus immanenter Ferne filtert sie ihr Erscheinen zu reiner, selbstloser Menschlichkeit. Die Gestalt wird malerisch transparent für die Weisheit eines unmittelbar heranwesenden Schöpfungsgeschehens: des Geborenwerdens im schönen Schein. In den weiblichen Formen erscheint der Schöpfungsakt malerisch poetisiert, als schaffende Schönheit, ausgeprägt in wesenhafter, kosmisch bestimmter Formensprache.

Insofern stellen sich Maler und Modell – diese immer wiederkehrende befruchtende Verbindung – als Urbild eines schöpferischen Suchens nach kosmisch «sprechender» Inspiration dar. Das Verhältnis ist in seiner Grundfigur von überpersönlicher Art, weil das Modell – die Frau – sich in diesem nicht individualisiert. Die Frau bleibt hinter Schleiern verborgen, Geheimnis genug, um nicht allein irdisch-sinnlich begriffen werden zu müssen, sondern den Weg freizulegen für eine sinnlich-übersinnliche, eine künstlerische Inspiration. So erweckt sie als Modell die uralte Sehnsucht, den Kosmos als Form zu begreifen, das Geheimnis der Welt in der Schönheit sichtbar werden zu lassen.

Sobald indessen die Frage gestellt wird: Wer ist dieses Mädchen, diese Frau? – wenn also die Frage nach der Individualität gestellt wird, verliert das Bild den «schönen» Schein des kosmischen Urbildes; es wird zur Reportage entzaubert. Der Glanz des Übernatürlichen verweht. Die ausgesetzte, bloß reportierte Wiedergabe einer bestimmten weiblichen Gestalt wirkt peinlich, nackt. Was in dieser Weise, in Illustrierten etwa, als Aktbild gehandelt wird, zementiert lediglich alte Herrschaftsmodelle, in denen die Frau als Unterworfene figuriert. Sie ist nur Objekt des männlichen Willens. Da aber diese Voraussetzung im Grunde heute nicht mehr gegeben ist, entsteht in diesem Anachronismus eine vergiftete Atmosphäre, die oft ein Zeichen eigentümlich umkehrt: die verführerische Frau, die den Mann ihrerseits erotisch zu knechten trachtet. Der Streit um Herrschaft zwischen den Geschlechtern ist auf dieser Ebene unauflösbar.

Eine andere Ebene der Begegnung muß gesucht werden, auf der sich das Verhältnis zwischen Mann und Frau zur Menschlichkeit hin entspannt und auf welcher die *Würde des individuellen Menschen* aufscheinen kann. Diese Würde entbindet andere, nicht nur äußerliche Attribute der Schönheit. Individualität bildet sich nicht an der leiblichen Organisation; schon gar nicht ist sie in der «Nacktheit» sichtbar. Das geistige Wesen des Menschen erscheint vielmehr im Medium seiner *Tätigkeit*.

Der Maler hat diesen Schritt zur Darstellung eines individuellen Wesens im *Selbstporträt* geübt. Er begreift sich darin als Tätiger, indem er sich, sein Wesen, im Moment schöpferischer Konzeption malerisch schaut. Er bannt den schöpferischen Akt ins Bild seines Gesichts. So entsteht im Spiegel des Selbstporträts eine Ahnung dessen, was Individualität ausdrücken kann. Das Sujet «Individualität» *erscheint*, weil es eine neue Schönheit im «Schein» geistiger Tätigkeit hervorruft. Dieser Weg der sich verwandelnden Schönheit führt schließlich so weit, daß sie nicht mehr durch Darstellung natürlicher Formen, sondern durch Vergegenwärtigung bildimmanenter Bewegung in tätig zu erlebenden Formkräften hervorgerufen werden muß. Schönheit erscheint somit nicht mehr als formal gegeben, sondern sie ist durch schöpferische oder mitschöpferische innere Tätigkeit jeweils *in actu* zu erwecken. In diesem Sinne gewinnt das zeitgenössische Kunstschaffen weitreichende Bedeutung. Es fordert den «schönen» Menschen heraus, indem es sich allein dem *individuell Tätigen* offenbart. Der geistig Untätige wird die verwandelte Innerlichkeit der Schönheit niemals ergreifen können. Die Verantwortung der Kunst ist heute dementsprechend hoch. Denn verfehlt der Künstler diese neue Formspur des «Schönen», verfällt auch das Maß, das Menschlichkeit begründet.

Die Frau hat von jeher am künstlerisch Schönen ihre Menschwerdung erlebt, während der Mann sich zumeist an philosophischen, ideologischen, sozialtheoretischen und anderen Systemen auszurichten versuchte. Die Frau bleibt auch in ihrer Weiterentwicklung dem Kunstfortschritt mehr und inniger verbunden. Denn gleichzeitig mit dem verwandelten Schönheitsbegriff in der Kunst ist auch die Frau individuell erwacht. Sie gewinnt nun, gleichbedeutend mit den Möglichkeiten des Mannes, individuell schöpferische Fähigkeiten und stimmt mit diesen intensiv ihren Lebensraum ab. Diese Entwicklungssituation wirft auch die Frage nach einer neu zu gestaltenden Partnerschaft zwischen Mann und Frau auf. Es müssen in dieser Partnerschaft neue Inspirationsquellen entsiegelt werden – jenseits von Konkurrenz- und Machtkämpfen, jenseits auch einer Gleichmacherei, die wesentliche Unterschiede zwischen Mann und Frau verwischt und damit die Partnerschaft unfruchtbar macht.

Das blaue Gesicht

Ein Maler unserer Zeit hat diesen Entwurf einer *neuen Partnerschaft von Frau und Mann* im Medium imaginativer Poesie vergegenwärtigt. Marc Chagall hat ein Werk hinterlassen, dessen stiftende Formensprache weit über jede nur gegenständliche Aussage hinausreicht. Auch wenn die einzelnen Figuren in seinen Bildern gegenständlich erkannt werden können und auch erkannt werden sollen, so bleiben sie dennoch solange in einem rätselvollen Zusammenhang, bis das Geheimnis ihrer Stiftung schöpferisch tätig ergriffen wird. Chagall wollte, wie er selbst betonte, mit seinen Bildkompositionen keine Novellen erzählen; er dichtete keine russischen Märchen. Seine Bilder verlieren auch viel an ursprünglicher Aussagekraft, wenn sie novellistisch gedeutet werden. Dennoch kann eine begleitende Bildbeschreibung das tätig-mitschöpferische Erleben des imaginativen Zusammenhangs anregen, ohne daß dieses dadurch festgelegt wird.

Erlebenstor vieler seiner Bilder ist die Frau. Chagall hat sie oft als Braut dargestellt: Blumen im Arm, von langgezogenen, duftig weißen Schleiern umweht, so schwebt sie in «fliegender» Höhe. Sie gibt ein Bild träumender Bewegtheit, während der männliche Partner in ihrer Nähe zumeist in abwartender Stille verharrt. Eines seiner schönsten Bilder ist *Die Frau mit dem blauen Gesicht* (siehe Frontispiz). Chagall malte es in den Jahren von 1932 bis 1960.

Das Bild wird bestimmt durch die weiße Wirbelfigur einer umschleierten Frau. Ihr blaues Gesicht berührt – Stirn an Stirn – das grüne einer um vieles weiblicher anmutenden Schwester. Diese wirkt als der eigentliche Träger des Schleiers. Die gespreizten Flügel-Hände der «blauen» Frau nehmen im Schoß ihres Leibes die Strömungsbewegung des Schleiers auf, indem sie einen am Ort des Wirbelauges hervorblühenden Blumenstrauß halten. Dieses rote, duftig gefiederte Lebensbukett – ans Herz der Frau gedrückt – erscheint selbst wie ein Herz des Bildes. Aus der Äthergestalt dieses Lebensbrunnens wird die Frau mit dem blauen Gesicht gleichsam wie von innen heraus geboren, während das grüne «Naturgesicht» fortzuwehen scheint. Aber auch von außen wird der Geburtsvorgang der blauen Frau musikalisch begleitet. Um die strömende Bildmitte, die in den linken unteren Schwerpunkt gerückt ist, gruppieren sich an den oberen Bildrändern vier musizierende männliche Gestalten. Herausfordernd, als müßte Bewußtsein gebildet werden, erscheint die Umgebung der Frau männlich «musikalisiert». Ein nahezu unbeschreiblicher Prozeß, in vierfacher Ausgestaltung und Abstufung, umtönt die sich entschleiernde Frau. Aus einem dunklen Eselskopf, links in der Höhe, steigt der Trompeten-Bläser. Vom Hauch seines tönenden Atems beflügelt, zeigt ein gelber Vogel die Fortsetzung des musikalischen Reigens an. Er fliegt im Rücken des horizontal schwebenden Geigenspielers, der aus einem blühenden Baum entworfen scheint. Fisch und Rind schließen diese musizierende Gruppe ab. Sie wenden sich einem flötenden Harlekin zu. Inspiriert von einem aus Schatten hervorschauenden weiblichen Kopf, dreht sich diese Figur kreisend um sich selbst, als müßte im Tanz das «Selbst» ergriffen werden. Ganz rechts unten mit hellem Gesicht, Auge in Auge mit einem Hahn, der Cello-Spieler. Er trägt das größte Instrument mit dem tiefsten, dem sattesten Ton. Er ist jedoch von kleinster Gestalt.

Diese vier Musikanten weisen auf ein Urmuster

des menschlichen Wesens, das im Märchen von den Bremer Stadtmusikanten in ähnlicher Weise aufgegriffen wird. In einem nahezu identischen Bild türmen sich dort Esel, Hund, Katze und Hahn übereinander, um mit dem tönenden Instrument ihrer Stimme die Räuber aus dem Haus – des menschlichen Wesens – zu vertreiben. Der Turm der Tiere vergegenwärtigt im urbildlichen Sinn den musizierenden Zusammenklang menschlicher Wesensglieder, der das «Haus des Menschen», seine Hüllennatur, von ungebetenen Gästen, von Widersachermächten befreien und reinigen will.

Auch im Bild von Chagall geht ein ähnlich erweckendes Ereignis von den vier Musikanten aus. Vier männliche Gestalten umspielen jenes Leibes-Haus, das von einer Frau bewohnt wird: Der Trompeten-Bläser als ältester über dem Eselskopf; der Geiger aus dem sensiblen Lebensbereich eines blühenden Baumes; der flötende Harlekin im selbstbewußten Seelenkostüm unendlicher Verwandlungen und schließlich der Cello-Spieler, der *vis à vis* mit dem Hahn die ichhafte Grundlage des sich türmenden Gefüges bildet. Dieses Quartett musiziert individuelle Menschlichkeit herbei: den Einklang aus physischen, ätherisch-lebendigen und seelisch-geistigen Qualitäten. Sie klingen ein in die vom Ich gesetzte Individualität. Und weil dieses Ich aktuell im Gewand der Frau erscheint, wird der Umkreis, ihre geistig wirksame Aura, männlich durchtönt, um ihr die notwendige Ergänzung zum Individuell-Menschlichen zu ermöglichen.

Alle Einseitigkeit ist jeweils nur vorläufig gültig. Sie bedarf der Ergänzung zum Umfassenderen. Sollte der Mensch – als Mann oder als Frau – in endgültige Einseitigkeit erstarren, müßte er das Umfassendere, das im Wort «Menschlichkeit» erlebt werden kann, gefährden. Rudolf Steiner deutet in der Sprechweise moderner Mysterien auf diese Zusammenhänge in seinen Faust-Vorträgen. Verkürzt wiedergegeben besagen diese Ausführungen, daß die männliche Leibesgestalt des Menschen ihr Gepräge durch lebentragenden «Klangäther» erhielt. Die weibliche Gestalt wurde durch wärmetragenden «Lichtäther» geprägt. Ausgeglichen wird die jeweilige Einseitigkeit durch die Verbindung mit dem jeweils anders gearteten Kräftefeld, das der Mensch als Ganzes vermittelt. Lebendige Klanggestaltung, männlich intoniert, wirkt in der Aura der Frau; sie ruft musizierend die individuelle Menschlichkeit hervor. Wärmende Lichtgestaltung, weiblich eingestimmt, erleuchtet die Aura des Mannes zur Menschlichkeit hin. Dieser Ausgleich tritt allerdings nur ein, wenn der Mann beziehungsweise die Frau die gegebene Einseitigkeit «tätig» überhöht. Geschieht das nicht, erscheinen Karikaturen des Männlichen und Weiblichen: Gewaltsamkeit in männlichen Gedankenformen, die immer neue Herrschaftsmodelle aussinnen wollen, und Verworrenheit in weiblich-emotionalen Visionen, die aufquellende, undurchschaute Rauschbilder zu entfalten suchen.

Eine Frau, die ihre Entwicklung «in die Hand» nehmen, die ihre Einseitigkeit überwinden und zur Individualität heranreifen will, wird in ihrem «Weiblichen nach Neutralisierung durch das Männliche streben».[17] Dasselbe gilt umgekehrt für den Mann. Was naturhaft nach dem Tode eintritt, nämlich, daß sich «das Weibliche ins Männliche hinein, das Männliche ins Weibliche hinein neutralisieren muß», es sollte im Leben willentlich angestrebt werden.

Wenn also gesagt wird, daß die Frau im Zuge ihrer fortschreitenden Entwicklung den Ausgleich durch das Männliche suchen muß, so ist die Frage, was dieses denn sei, nicht leichthin zu beantworten. In dem bereits angeführten Vortrag zum *Faust* beschreibt Rudolf Steiner dieses Männliche folgendermaßen: «Der Mensch ... strahlt Intuitionen aus. Das sind dieselben Intuitionen, aus denen eigentlich seine Gestalt gebildet worden ist, durch die er da ist als der Mann in der Welt. Da tönt es von lebendig vibrierendem Ton um ihn herum.» «... es ist etwas von vibrierendem geistigem Ton, das den Mann umgibt.»

Die Sprache der modernen Mysterien bewegt ungewöhnlich anmutende schöpferische Bild-Räume. Der Maler ruft diese in seiner Weise hervor. Er greift malend in diese bildhaften Dimensionen, ohne es ausdrücklich zu wissen, und verdichtet sie zu einem originalen Bild. Chagalls Gemälde *Die Frau mit dem blauen Gesicht* vermittelt eine Ahnung von spiritueller Wirklichkeit. Die Frau, deren grünes, von ursprünglicher Schönheit erfülltes Naturgesicht mit dem Schleier hinwegweht, gewinnt ein «blaues», ein aus verinnerlichtem Denken konzentriertes Gesicht. Musikalisiertes Denken «tönt» ihr aus dem Umkreis entgegen, als ein männlicher, «lebendig-vibrierender Ton».

Chagall malte das blaue Gesicht der Frau ähnlich einem Selbstporträt; es offenbart weitgehend die Züge des Malers selbst. Dieses blaue, geneigte Haupt deutet an, daß der Schub verführerischer, visionärer Willenskräfte gestillt wurde. So klingen die Musikanten durch die Wesensglieder, vom Umkreis her, in ihr individuelles Wesen. So klingt auf, was der Maler an sich selbst tätig erfahren hat: eine neue Schönheit individuellen Schöpfertums.

Die Frau als Individualität

Die Sehnsucht der Frau nach dem männlichen Ausgleich spielt sich auf vielen Ebenen ab. Sie klingt an im Vorfeld der natürlichen Verbindung zwischen Mann und Frau wie auch in der Suche nach dem andersgearteten Gesprächspartner. Darüber hinaus möchte man annehmen, daß in jedem

Menschen latent eine leise Erinnerung an frühere Erdenleben in entgegengesetzter Geschlechterrolle «mitspielt». In dieser Perspektive realisiert sich der natürliche Ausgleich für die jeweils eingeschränkte Lebenserfahrung. Das Bedürfnis, innerhalb eines Lebens in die andere Rolle zu wechseln, ist für die Frau offensichtlich größer als für den Mann, da sie stärker unter der einschränkenden Einschätzung und Festlegung ihrer Person zu leiden hat. «Die soziale Stellung der Frau ist zumeist deshalb eine so unwürdige, weil sie in vielen Punkten, wo sie es sein sollte, nicht bedingt ist durch die individuellen Eigentümlichkeiten der einzelnen Frau, sondern durch die allgemeinen Vorstellungen, die man sich von der natürlichen Aufgabe und den Bedürfnissen des Weibes macht», schreibt Rudolf Steiner an inzwischen vielzitierter Stelle seiner *Philosophie der Freiheit*. Auch wenn dieser Vorwurf heute nicht mehr in vollem Umfang gilt, die Tendenz zu einer solchen Beurteilung der Frau lebt untergründig weiter fort. Das Eigenwesen der Frau muß sich jedoch über die Vorurteile hinaus aus vielen Bedingungen herausentwickeln. Dazu gehören auch die konstitutionellen Eigenheiten. Hinzu kommt, daß der Weg ihrer Entwicklung, von der Pubertät bis in die späten Jahre menschlicher Reife, zumeist nicht geradlinig im Zeichen der Selbstverwirklichung verläuft. Viele Lebensabschnitte müssen im Dienst gelebt werden: an den Kindern, dem Ehemann und der Familie im weiteren Sinne. Der Drang nach Verwirklichung eigener Aufgaben, die aus geistig erworbenen Fähigkeiten erwachsen, muß immer wieder im Verzicht zurückgestellt werden. Doch können gerade in diesen Zeiten des Verzichts «Schätze» in der durch Rückstau vertieften, durchmenschlichten Seele gesammelt werden. Diese Tatsache kann den Entwicklungsgang einer sich geistig entfaltenden Individualität maßgebend bestimmen. Auf solch partieller Verlangsamung beruhen wesentliche Unterschiede bezüglich der individuellen Entwicklung von Mann und Frau. Derjenige, der langsam lebt und eigene Ziele zurückstellt, übt sich in der Grundhaltung, in dem Habitus, der durch Menschlichkeit geprägt wird. Ein Gesetz der Evolution besagt: Wo Kraft zurückgehalten wird, bereitet sich vor, daß der Einschlag des Geistes angezogen und ein um so entschiedeneres Fortschreiten eingeleitet wird; der zu rasch vorwärtsgehende Mensch gerät dagegen unter Umständen in vorzeitige Perfektion, er vergreist. Durch diese Retardation gegenüber den Entwicklungen in den Naturreichen ist die Menschheitsevolution gekennzeichnet. Solche Zusammenhänge treten aber nicht einfach ein. Sie müssen in jedem einzelnen Fall durchdrungen und beherrscht werden. So gibt der Umstand der Geduld das Maß, wie Retardierungsprozesse vom Menschen selbst geleitet werden. Allzu leicht könnte ein nur sentimentales Erdulden des Verzichts zur Verflachung der persönlichen Entwicklung führen. Das angemessene Verhältnis beider bleibt in seiner Ausbalancierung immer gefährdet.

Eine weitere schwerwiegende Erfahrung kommt hinzu, welche die Frau in ihren späteren Lebensjahren aus dem Gleichgewicht zu bringen droht. Eines Tages muß sie nämlich feststellen: Ich bin heimatlos geworden. All der Häuslichkeit, der Familiengemeinschaft, der erwachsen gewordenen Kinder bin ich nun entbunden – endgültig. Jedoch bietet ihr auch diese Erfahrung wiederum eine Chance, spätestens jetzt den Ausgleich ihres Wesens nicht mehr äußerlich durch den Mann zu suchen, sondern die individuelle Vervollkommnung geistig schöpferisch selbst anzustreben.

Frauen heute: – sie streben das Erreichnis ihrer individuellen Entwicklung viel bewußter an. Sie erleben die Problematik ihres Auftretens in den Welt-Zusammenhängen ungleich intensiver als noch vor fünfzig Jahren. Nicht Frauen, die sich männlich gebärden, die in die Machtstrukturen unserer verfallenden Gesellschaftsordnung so einzugreifen versuchen, daß auch sie ihren Anteil davon herausschneiden können, sind hier gemeint. Diese wechseln nur von *einer* gattungshaften Verhaltensform in die *andere* über und kehren die eingeschränkten und unausgeglichenen, allein auf sich beschränkten Unarten männlicher Provenienz um so auffallender hervor. Von Frauen sollte die Rede sein, die eine spät und mühsam errungene individuelle Lebensform gefunden haben, in welcher ohne Abstriche weibliche Eigenart metamorphosiert in das individuelle Wesen erhoben wird.

Diese Eigenart, durch die Erschütterungen des Leidens, des Liebens, des Geduldens bewegt, führt zu anderen Urteilen und Entschlüssen, welche die einseitig männlich gearteten ergänzen müssen. Rudolf Steiner versprach sich für den Fortgang der Kultur viel davon, wenn die weibliche Eigenart einmal zur Geltung kommen würde. In einem Aufsatz «Zur Literatur über die Frauenfrage»[18] schreibt er: «Wir wissen gar nichts über den Fortgang einer Kultur, an der die Frauen denjenigen Anteil nehmen, den ihnen eine völlig freie Entwicklung ihrer Fähigkeiten gibt. Uns steht es allein zu, die Möglichkeit einer solchen freien Entfaltung herbeizuführen. Und wer in dieser Weise denkt, der kann nur den Worten Björnstjerne Björnsons beistimmen…: ‹Die Frauenfrage ist aus der harten Notwendigkeit geboren; ihre Ideale bergen neue Hoffnungen für die Menschheit.› Wir stehen noch vor Aufgaben, die – es wird sich schon nach und nach erweisen – nicht anders gelöst werden können als in dem Geiste, der vorzüglich der *Geist der Frau* ist.» Und in einem noch nicht veröffentlichten Vortrag äußerte er seine Enttäuschung darüber, daß trotz Mitwirkung der Frauen im deutschen Reichstag «absolut keine irgendwie geartete Änderung durch die Anteilnahme der Frau sich herausgebildet hat. Die Frau muß gerade *ihre Eigenart* in

die Bewegung hineintragen und nicht sich hinein-
finden in dasjenige, was schon gegeben ist durch
die Kultur, die ja vor allem Männerkultur ist!»[19]

An dieser Sachlage hat sich auch heute wenig
geändert. Die Eigenart der Frau findet immer noch
kaum eine individuelle Sprache, von wenigen Ausnahmen abgesehen. Ein wesentlicher Akt ihrer frei
werdenden Individualität besteht darin, daß sie
selbst entscheiden muß, wie dies zu geschehen
habe. Dieser Schritt kann sich niemals einer ein-
heitlichen Forderung unterwerfen: sie müsse es so
oder so machen. Diese Entscheidungsoffenheit
macht den Entwicklungsschritt differenziert und
schwierig; besonders, da immer noch Muster und
Modelle für Handlungsarten übermächtig sind.
«Was die Frau ihrer Natur nach wollen kann, das
überlasse man der Frau zu beurteilen», so Rudolf
Steiner in seiner *Philosophie der Freiheit*. Die Individualität einer Frau entwickelt sich, durch den lang-
währenden Prozeß ihrer Entfaltung, viel offener,
viel verwandelbarer in die Wahrnehmung ihres
Umkreises hinein. So kann das Ergebnis auch nur
sehr unterschiedlich sein. Die Einheit ihrer widersprüchlichen Natur kann daher nicht in der Enge
einer Meinung, eines Aussehens oder Ansehens, in
einer parteilichen Entscheidung gesucht werden.
Ihre Individualität spricht sich vielmehr im umgrif-
fenen Umkreis aus, in der Totalität ihres Lebens-
raumes, der durchaus widersprüchlich zu erscheinen bestimmt ist.

Hilde Domin, die jüdisch-deutsche Dichterin, be-
zeichnete einmal ihre literarische Arbeit als «spiritualisierte Mutterschaft». Die intelligente Frau,
1912 in Köln geboren, hat Philosophie (bei Karl
Jaspers), Jura, Soziologie und Politische Wissen-
schaften studiert und in Florenz mit einer Arbeit
über «Staatstheorie der Renaissance» promoviert.
Sie steht weit über jeden Verdacht, weibliche Ei-
genschaften zu sentimentalisieren und einen My-
thos des Weiblichen aus ihren Naturtalenten zu
weben. Die Dichterin setzt vielmehr aus geistiger
Vollmacht ihre Fähigkeiten zu Liebe und Staunen,
zu Zärtlichkeit und Freude, wie sie selbst sagt, weit
über alle Begabung zur Analyse und Kritik, über
die sie auch verfügt. Die erstgenannten Fähigkeiten hat sie sich erworben in Höhen und Tiefen eines Lebens im 20. Jahrhundert. Dr. Hilde Palm
– so ihr bürgerlicher Name – mußte als Jüdin in
den dreißiger Jahren auswandern. Das Exil in La-
teinamerika, in der karibischen Dominikanischen
Republik (daher ihr Pseudonym «Domin»), war
eine Zeit des inneren Umbruchs. Hilde Domin begann erst spät, Dichtungen zu verfassen. Als sie
1951, mit fast vierzig Jahren, ihr erstes Gedicht
schrieb, waren Krieg und Tausendjähriges Reich
vorüber. Dennoch kehrte sie erst 1954 nach
Deutschland zurück. Die Jahre des Exils hatten

sie verändert. Der Verlust der Heimat hatte sie tief getroffen. Dem Leiden rang sie jedoch eine Chance ab:

> Ich setzte den
> Fuß in die Luft
> und sie trug.

Diese Zeilen fassen ein dichterisches Credo zusammen. Der Versuch, Heimat im Medium des Unsicheren, des verwehenden Gefüges der Luft zu wagen, hat ihr eine neue Welt eröffnet. Im «Pneuma» spiritualisierten Lebens erfährt sie die Welt im Zustand des Entwurfs. Sie ist Dichtung, Kunst, Wirklichkeit aus dem Gewebe der Zukunft. So wie eine Mutter die Zukunftsgestalt ihres Kindes austrägt, umhüllt und das von der Vergangenheit her gefährdete Wesen immer wieder mit Zuversicht zärtlich umschließt, Wunden heilt und helfend tätig ist, so – in die Region geistigen Lebens erhoben – wird die spiritualisierte Mutterschaft über die künstlerische Arbeit hinaus und doch mit ebendenselben Mitteln des sensibel-kraftvollen schöpferischen Denkens und mit dem Mut, den Fuß in die Luft zu setzen und dieses Wagnis hüllend auszutragen, eine neue Kultur gebären: eine *Kultur der «schönen Individualität»*. Dies wird keine Kultur sein, die ausschließlich von Frauen oder ausschließlich von Männern bestimmt und gestaltet wird. Eine neue Partnerschaft beider, die durch den erstrebten gegenseitigen Ausgleich fruchtbar

wird, könnte eine Kulturwirksamkeit inaugurieren *anregen einführen*
welche, die Widersprüche des irdischen Lebens,
jene zementierten Gegensätze – zum Beispiel von
Mann und Frau – auszutragen und zu leben vermag: eine Kultur ätherisch lebendiger, klingender
Bewegung durch geistige Arbeit, geistiges Tä-
tigsein – eine Kultur des «Geistselbst».

Die Küsten solcher Entwürfe sind schon bewohnt, von Künstlern und vornehmlich von Frau-
en. Neben Nelly Sachs und Hilde Domin soll als
dritte Künstlerin, deren Entwürfe und dichteri-
sche Arbeiten diesbezügliche Transparenz bieten,
Christa Wolf hervorgehoben werden. Die Schriftstellerin wurde 1929 in Landsberg an der Warthe
(heute Polen) geboren; sie lebt in der ehemaligen
DDR. Ihre bemerkenswerte literarische Arbeit
wächst fast ausnahmslos aus Aktualitäten, aus er-
littener Zeitgenossenschaft hervor. Ihr Buch *Störfall – Nachrichten eines Tages* notiert den 26. April
1986, den Störfall von Tschernobyl. Dieser Tag hat
die Welt schlagartig verändert.

«Rührung ist nicht am Platz, am wenigsten heute. Der Schmelz ist weg vom Planeten, nicht?, hat
die Freundin gesagt. Der Satz hat sich vor die Blätter auf meinem Arbeitstisch geschoben, dem ich
mich versuchsweise genähert habe, eingedenk jener beneideten Zunftgenossen, die – Tod, Verder-
ben, Untergang und Bedrohung vieler Art um sich
– die Linie, die sie, schreibend, irgendwann einmal
angesetzt hatten, unbeirrt weiter verfolgten, wor-

tebesessen, auf ein Ziel hin, zu dem der Abstand sich niemals verringern will. Ich habe mich auf meinen Drehstuhl gesetzt, die Blätter überblickt, einzelne Sätze gelesen und gefunden, daß sie mich kalt ließen. Sie oder ich, oder wir beide hatten uns verändert, und ich habe an gewisse Dokumente denken müssen, auf denen erst unter einer chemischen Behandlung die wahre, die geheime Schrift hervortritt, während der ursprüngliche, absichtlich belanglose Text sich als Vorwand entpuppt. Unter der Bestrahlung habe ich die Schrift auf meinen Seiten verblassen, womöglich schwinden sehen, und ob einst ein dauerhafter Untertext zwischen den Zeilen hervortreten würde, ist noch ungewiß gewesen...»

Dieser Tag war ein Tag, der neue Kategorien, andere Qualitäten forderte. Die alten Maßstäbe trugen nicht mehr. Die «Strahlung» von Tschernobyl hat sie ausgelöscht; neue sind noch ungewiß. An diesem Tag, «über den ich in der Gegenwartsform nicht schreiben kann», weil eine andere Gegenwart eingetreten ist, begibt sie sich auf die Fahrt in die Dimensionen des Widerspüchlichen. An der Schwelle zu einer anderen Wirklichkeit setzt sie Fragen, wie das Widerspüchliche auszutragen und zu leben sei. Sie scheut sich – wie schon in ihrem Buch *Nachdenken über Christa T.* (1968) – vor Festlegungen. Der Mensch von gestern kann der neuen Welt nicht begegnen. Nur als Werdende können wir Werden begreifen. In diesem Prozeß bricht alles Gegebene in Fragwürdigkeit auf.

Selbst so schöne alte Wörter wie «Wolke» und «Strahlung» erscheinen beladen mit dem Schatten ihres Widerspruchs. Das «Unvermögen, mit dem Fortschritt der Wissenschaft sprachlich Schritt zu halten», ist Ausdruck davon, wie wenig eigenes Werden der Mensch diesem Fortschritt entgegenzuhalten – oder mitzuhalten? – versteht. An diesem Tag, der Welt und Mensch in Frage zu stellen scheint, muß sich der Bruder der Schriftstellerin einer schwierigen Gehirnoperation unterziehen. Christa Wolf erlebt beide lebensbedrohende Ereignisse – die Reaktor-Katastrophe und die Gehirnoperation – aus einem neu gewonnenen Blickwinkel. Sie schaut sie zusammmen: Was dem Erdball wie ein Fluch geschieht, resultiert aus ebendemselben Fortschritt der Wissenschaft, dem der Bruder die Weiterführung seines Lebens verdankt. Wissenschaftlich technologische Kopf-«Operation» (im ursprünglichen Sinn als Arbeit, Verrichtung) auf beiden Seiten. Der Widerspruch ist unauflösbar. Er setzt sich vielmehr noch weiter fort in die Frage nach der menschlichen Individualität. Atom und Individuum – beide Begriffe sind *eines* Ursprungs; sie weisen auf das Unteilbare, Unspaltbare hin. Sind sie vergleichbar? Was ist der Mensch? Christa Wolf sucht ihn in der Sehnsucht nach Fortschritt, im Drang nach Wissenschaft, nach Erforschung der Welt, in der Unruhe, Utopien gebären zu müssen. Finden wir nur dort den Menschen?

«Treiben die Utopien unserer Zeit notwendig Monster heraus? Waren wir Monster, als wir um einer Utopie willen – Gerechtigkeit, Gleichheit, Menschlichkeit für alle –, die wir nicht aufschieben wollten, diejenigen bekämpften, in deren Interesse diese Utopie nicht lag (nicht liegt), und, mit unseren eigenen Zweifeln, diejenigen, die zu bezweifeln wagten, daß der Zweck die Mittel heiligt? Daß die Wissenschaft, der neue Gott, uns alle Lösungen liefern werde, um die wir ihn angehen würden? Ist die Frage falsch gestellt? Habe ich, weil ich seit Tagen, Wochen diese wahrscheinlich falsch gestellte Frage ergebnislos umkreise, nur zu gerne den Vorwand benutzt, den dieser Tag mit liefert, mich von meinem in falschen Fragestellungen, zaghaften Annäherungen, unzureichenden, daher zahllosen Ansätzen steckengebliebenen Manuskript zu beurlauben? Gesucht und zugleich geflohen wird der Punkt des stärksten Schmerzes; ich sollte es wissen, Bruder, woher dieses Gefühl des Zerrissenwerdens kommt; verstehen – mein Gott ja, verstehen kann ich es schon, wenn man versucht, dem auszuweichen, bis in den Kosmos, oder eben ins Atom –

Liste der Tätigkeiten, die jene Männer von Wissenschaft und Technik vermutlich nicht ausüben oder die sie, dazu gezwungen, als Zeitvergeudung ansehen würden: einen Säugling trockenlegen, kochen, einkaufen gehn, mit einem Kind auf dem Arm oder im Kinderwagen. Wäsche waschen, aufhängen, abnehmen, zusammenlegen, bügeln, ausbessern, Fußboden fegen, wischen, bohnern, staubsaugen. Staubwischen. Nähen, Stricken. Häkeln. Sticken. Geschirr abwaschen. Geschirr abwaschen. Geschirr abwaschen. Ein krankes Kind pflegen. Ihm Geschichten erfinden. Lieder singen. – Und wie viele dieser Tätigkeiten sehe ich selbst als Zeitvergeudung an?

Ich habe gelesen: Der Mensch, unfertig und unvollkommen, könne auch als ein Wesen definiert werden, das aktiv nach seiner optimalen Entwicklung suche. Ich – jenes Ich, das sich zum Zwecke des Nachdenkens von ‹mir› abzuspalten pflegt..., ich habe mich sehr komisch gefunden, in der Lükke zwischen Holunderbüschen stehend, noch mal und noch mal den Ausblick über das grüne Getreidefeld, wie es da in großen Wellen zum See hin abläuft, in mich aufnehmend, ein Bild, nach dem ich süchtig werden könnte, und mich fragend: Was will der Mensch.»

Diese längere Passage, die aus Gedankensprüngen zusammengesetzt scheint, zeugt vom Versuch, Widersprüchliches denkend aufzufangen und auf anderer Ebene, und das heißt: in sich selbst, zusammenzubinden. Dem Mann, dem «Gott» der Wissenschaft, der seine Utopien, seine Erfindungen ungeduldig, zeitsparend und gewissenlos in die

Welt wirft, stellt sie unvermittelt die Tätigkeiten einer Mutter und Hausfrau gegenüber, die zumeist als «Zeitvergeudung» erlebt werden. Doch was geschieht in dieser Zeitvergeudung? Unfertigkeiten auf beiden Seiten, die einer «Zeitvertiefung» entgegenstehen. Was wäre der Mensch, wenn er nicht in seiner Entwicklung diese widersprüchlichen Unfertigkeiten austrüge?

Christa Wolf hat keine Antworten. Doch mit ihren Fragen setzt auch sie ihren Fuß in die Luft. Sie, die im Materialismus denken gelernt hat, sensibilisiert ihr Denken für neue, öffnende Dimensionen. Sie erlebt, wie sie ihr Denken aussenden kann, um dem gefährdeten Bruder zu helfen; Strahlungen des Denkens, die heilsam sind und keine Entfernung kennen. Sie gehören einer anderen Welt an als diejenigen aus Tschernobyl.

Diese *Nachrichten eines Tages* berichten von Grenzerlebnissen. In der Bewußtseins-Sprache des 20. Jahrhunderts erscheint dieser Bericht nicht sensationell. Das Ungewöhnliche ereignet sich zwischen den nüchternen Zeilen. So wird auch das Gesagte für Unsägliches durchlässig.

«Neben dem einen Gott, der die Welt geschaffen hat und regiert, gibt es nach Auffassung mancher Abweichler einen anderen Gott, der die Welt nicht geschaffen hat und sie nicht regiert. Einen fremden, unbekannten Gott. Indem ich mein Sinnen und Trachten auf ihn gerichtet habe, geschah es, daß ich seiner gewahr geworden bin. Eine Sekundenerfahrung, die in Worte zu fassen niemand mir zumuten wird. Nur soviel: Wenn ich mich recht erinnere, war der Gesichtssinn, unser Leitsinn, an meinem Erlebnis kaum oder gar nicht beteiligt. Obwohl ich gespürt habe, unter einer unerhörten, mich womöglich zerreißenden Anstrengung könnte ich die mich plötzlich umgebende Macht oder Kraft oder Energie oder Potenz (bis zum Schmerzhaften verdichtete Atmosphäre) auch dazu bringen, sich zu materialisieren: ihr Gesicht zu zeigen. Ich habe diese Anstrengung nicht gewagt. Eilig, eilig habe ich die Spannung, knapp ehe sie unerträglich wurde, wieder abgebaut, und meine Furcht ist groß gewesen. Etwas von Enttäuschung war ihr beigemischt. Unleugbar ist, ich habe schlappgemacht. Nicht ihn habe ich gefürchtet, den Gegengott. Ich fürchtete die Abgründe in mir selbst.»

Da ereignet sich aus gespartem Wesen spiritualisierte Mutterschaft; die Dichterin empfängt den «Einschlag» des Geistes, der nicht nur ihr Denken, sondern ihr Leben verwandelt. So dicht an der Schwelle zu einer Art Damaskus-Erlebnis, für das so mancher Zeitgenosse prädestiniert ist, zögert Christa Wolf nochmals: vor den Abgründen ihres eigenen Selbstes. Die Schwelle zu geistiger Erfahrung wird von derartigen Abgründen gesäumt. Daran geht kein Pfad vorbei. Diese Entdeckung macht die *Nachrichten eines Tages* zutiefst glaubwürdig. In einer derart ringenden Frau wächst aus individueller Vollmacht eine zart auftretende Schönheit. Sie erbildet sich aus den Anstrengungen geistiger Vergegenwärtigung mehr und mehr. – Der Himmel übt an ihr Zerbrechen. Im Aufbruch aber offenbart sich Gnade: eine Bildgestalt der Zukunft.

Anmerkungen

1 Siehe die grundlegende Darstellung derselben in *Theosophie. Einführung in übersinnliche Welterkenntnis und Menschenbestimmung*, Gesamtausgabe Bibliographie-Nummer 9, 31. Auflage Dornach: Rudolf Steiner Verlag 1987.

2 Rudolf Steiner, *Aus der Akasha-Chronik*, GA Bibl.-Nr. 11, 6. Auflage Dornach: Rudolf Steiner Verlag 1986.

3 Zur «Wasserprobe» siehe das Kapitel über die Einweihung in: Rudolf Steiner, *Wie erlangt man Erkenntnisse der höheren Welten?* GA Bibl.-Nr. 10, 23. Auflage Dornach: Rudolf Steiner Verlag 1982.

4 Rudolf Steiner, *Die Geheimwissenschaft im Umriß*, GA Bibl.-Nr. 13, 30 Auflage Dornach: Rudolf Steiner Verlag 1989.

5 Dan Lindholm, Ein Prüfstein des Gewissens, in: *Die Drei*, Heft 9/1975.

6 Vergl. Elisabeth Weißert, Die absolute «Ideale Forderung», in: *Erziehungskunst, Heft* 3 und 4/1976.

7 Heinrich Böll / Christian Lindner, *Drei Tage im März*, Köln: Verlag Kiepenheuer & Witsch 1975.

8 Rudolf Steiner, *Meditative Betrachtungen und Anleitungen zur Vertiefung der Heilkunst*, GA. Bibl.-Nr. 316, 3. Auflage Dornach: Rudolf Steiner Verlag 1987.

9 *Der Spiegel* Nr. 28/1978.

10 Hermann Poppelbaum, *Mensch und Tier. Fünf Einblicke in ihren Wesensunterschied*, 7. Auflage Dornach: Philosophisch-Anthroposophischer Verlag 1975.

11 Ursula Naumann: *Charlotte von Kalb. Eine Lebensgeschichte*, Stuttgart: J.B. Metzlersche Verlagsbuchhandlung 1985. Die verwendeten Daten und Lebenstatsachen habe ich diesem sehr gut geschriebenen Buch entnommen.

12 Rudolf Steiner, *Die Philosophie der Freiheit*, GA Bibl.-Nr. 4, Kap. XIV: «Individualität und Gattung», 15. Auflage Dornach: Rudolf Steiner Verlag 1987.

13 Abgedruckt in: Rudolf Steiner, *Wahrspruchworte*, GA Bibl.-Nr. 40, 6. Auflage Dornach: Rudolf Steiner Verlag 1986.

14 Aus *Wandel und Wandlung der Charlotte von Kalb*. Manuskript mit Transkription des bisher unveröffentlichten Briefwechsels von Charlotte von Kalb und Immanuel Hermann Fichte aus den Jahren 1819–43, zusammengestellt und kommentiert von Ingeborg Schrader (Hamburg 1983).

15 Rudolf Steiner, *Das Miterleben des Jahreslaufes in vier kosmischen Imaginationen*, GA Bibl.-Nr. 229, 7. Auflage Dornach: Rudolf Steiner Verlag 1989, Vortrag vom 5. Oktober 1923.

16 Siehe: *Beiträge zur Rudolf Steiner Gesamtausgabe*, Michaeli 1990 Nr. 105, S. 58.

17 Rudolf Steiner, *Geisteswissenschaftliche Erläuterungen zu Goethes «Faust»*, Band I: *Faust, der strebende Mensch*. Vortrag vom 16. August 1915, GA Bibl.-Nr. 272, 4. Auflage Dornach: Rudolf Steiner Verlag 1981.

18 Rudolf Steiner: *Gesammelte Aufsätze zur Kultur- und Zeitgeschichte 1887–1901*, GA Bibl.-Nr. 31, 3. Auflage Dornach: Rudolf Steiner Verlag 1989.

19 Rudolf Steiner: 7. Oktober 1921, Fragenbeantwortung; zitiert nach *Info 3*, Nr. 5/1986.